# 学校社会とカウンセリング

## 教育臨床論

東　清和・高塚　雄介
［編著］

学 文 社

## はじめに

　今，かつてないほど学校のあり方に対して人びとの関心が高まってきている。これまで学校は子どもたちがもっとも安心して通える場所であり，そこに通うことで生きるために必要な知識や技術を身につけ，社会性がはぐくまれる場であると多くの人は信じていた。しかし，校内暴力，不登校，いじめ，学級崩壊，さらにはナイフなどの凶器を用いた事件の多発などにみられるように，学校という場はもはや子どもたちにとって，けっして安心して通える場ではなくなりつつある。親たちもまた学校に対する不信感をあらわにするようになってきた。このままでいくと，世界的にみてもきわめて充実しているとされてきた日本の教育が，遠からず崩壊するのではないかとの意見すら聞こえてくる。学校社会に生じているそのような揺らぎの背景には，画一的に生徒を囲い込もうとする学校運営の問題であるとか，偏差値に偏り進学率を高めるための教育内容の問題などが指摘される他，教師の力量不足を指摘する声もある。また，家庭や地域社会の教育力の減衰が影響しているとの見方もある。いずれにせよ，さまざまな理由が複合した結果，今日の事態がもたらされていると考えられるのだが，子どもたちの心に歪みが広がっていることは確かであるといわざるをえない。その歪みは，小学生・中学生にとどまらず，高校生や大学生にも広がっている。そして年齢が高くなるほど「ひきこもり」や「無気力」，「抑うつ」といった深刻な状態として現れている。その上，高校や大学を卒業後も進路が定まらず，フリーターや転職・離職を繰り返す人が急増しつつある。

　こうした事態に国も本腰を入れて教育問題に取り組まざるをえなくなってきた。その具体的方策の一つとして，1995年にはじめて文部省派遣のスクール・カウンセラーが導入され，各都道府県教育委員会でも独自のスクール・カウンセラー制度を設けるようになってきた。中央教育審議会の提言のなかにもスク

ール・カウンセラーの充実が盛り込まれており，さらに「心の教育」の充実であるとか，「生きる力」をどう育むかといったことが示されている。空き教室を利用して「心の教室」と称するたまり場兼相談室を開設する方針も打ち出された。これまで学校というところは，外部の人間が関与することはほとんどできない聖域とされていた。学校の内部でも，他の教師の受けもつクラスには介入しづらい雰囲気が支配するところであった。そこにスクール・カウンセラーとして外部の人間がどんどん入り込むようになったことで，学校社会にも新しい風が吹くようになったことは事実である。その一方，これまでの学校運営に慣らされていた多くの教師たちに混乱も巻き起こしている。これまで教師，とりわけクラス担任というのは，生徒たちの心身両面の育成にかかわるものであり，そのことに教師の使命感を抱いている人が少なくなかった。ところが，スクール・カウンセラーが登場したことによって，生徒の心の問題や悩みをそちらに委ねるということになるのは納得できないとする意見がそうした教師たちにはある。日常的な生活体験を共有する教師にこそカウンセラーとしての役割が担えるのであり，体験を共有しないカウンセラーには子どもの本当の心はつかめないと主張する。そうした主張には，カウンセリングというものに対する誤解もあるのだが，一面において教師たちの心のなかに生じた不満に起因している可能性がある。学校の担っている役割や仕組み，教師の仕事の大きさを充分に認識しないままに学校や教師に対する批判をしたり，自分は心理の立場なのだから教育とは違うなどと口にし，カウンセリングのマニュアルどおりのことだけをやろうとしているカウンセラーも実際多くみられる。これでは教師たちの反発を招いてもやむをえないであろう。心理専門のカウンセラーはもっと謙虚でなければならないはずである。あえて苦言を呈するならば，学校を出たばかりの若手カウンセラーや，臨床心理士などの資格を取ったばかりの人にそうした傾向がみられる。今の学校現場に生じている混乱にかかわろうとするのであれば，教師とカウンセラーとで問題の共有を図ろうとする原則と姿勢をもつことが大切である。教師のなかにもカウンセリングの勉強をコツコツとやり，カウンセリング・マインドをもって子どもたちに接していける教師もけっ

して少なくない。相談室のなかで1対1の面接をすることだけがカウンセリングではないということを，教育の現場でカウンセリングをしようとする人間は理解することが大切である。

　本書の内容であるが，2部から構成されている。第1部は学校カウンセリングそのものをテーマとした。まずはじめに現在の学校社会におけるメンタルヘルスの課題，学校カウンセリングの期待と問題点を考察してみた。ついで，具体的な課題として，現在問題となっている不登校，いじめ，落ち着きのない子ども，摂食障害，精神障害等を取りあげ，それらを理解する手がかりと対応について概説してある。

　第2部では教育臨床の基礎理論を取りあげた。教育現場での実践としての学校カウンセリングを支えるために，その基礎となる理論的研究が欠かせない。本書では最近の学校社会における現象に着目し，次の5テーマを取りあげてみた。生徒・学生に抑うつが増加していること。進路指導が進学指導に偏っていること。教師の燃えつき症候群（バーンアウト）が増加していること。男女平等教育が遅滞していること。そして，否定的自己概念（ダメな自分）を抱いている生徒・学生が多いこと。これらの現象を考察するための最近の理論（モデル）の紹介をしている。

　日本における学校カウンセリングはこれから本格的に始動しようとしている。その動向を加速させるためにも学校カウンセリングの基礎理論と手厚い実践との整合が求められているとわれわれは考えている。本書がその一助ともなれば幸いである。

　2000年3月30日

　　　　　　　　　　　　　　　　　　編著者　東　清和・高塚雄介

# もくじ

はじめに

## 第1部　教育臨床の諸相

I　学校社会におけるメンタルヘルスの課題 …………………………………9
　　学校メンタルヘルスの視点／子どもたちの心のひずみ／学校教育と
　　メンタルヘルス

II　学校カウンセリングへの期待と問題点 ……………………………………25
　　学校カウンセリングへの期待／カウンセリングの基本／学校カウン
　　セリングの課題／カウンセラーの視点

III　不登校の理解と対応 …………………………………………………………41
　　概念の変遷／文部省による定義／不登校の現状／不登校の分類／不
　　登校の原因論／回復までの経過／不登校の対応—狭義の不登校につ
　　いて—／教師の対応／自分づくりの場所

IV　いじめ—子どもの心の深淵 …………………………………………………55
　　いじめとは／いじめの心理／現代のいじめの特徴／まとめにかえて

V　落ち着きのない子どもたち …………………………………………………69
　　「落ち着きのない子」とは／「落ち着きのない子」を理解する手がかり／
　　「落ち着きのない子」とかかわる手がかり／生理学的側面を考えられ
　　る子どもについて

VI　拒食・過食の心理と病理—摂食障害とは何か ……………………………83
　　摂食障害とは／特徴と心理／理解／援助

VII　精神障害への対応—精神分裂病を有する生徒・学生とのかかわり ……97
　　精神分裂病／精神障害者に対する社会の態度の変遷／精神分裂病を
　　有する者への対応

## 第2部　基礎編

- **VIII　児童期・青年期の抑うつ** ……………………………………… 119
  - 抑うつとは何か／研究の歴史／有症率と経過／同時罹病と関連因／今後の課題
- **IX　進路指導の理論** ……………………………………………………… 139
  - 進路選択の代表的理論／ホランドの職業選択理論
- **X　教師のストレス―バーンアウト―とメンタルヘルス** …………… 149
  - むしばまれる教師の「心の健康」／教師のストレス―バーンアウト―／教師のバーンアウトの背景／バーンアウトの克服に向けて
- **XI　教育場面でのジェンダー・バイアス** ……………………………… 165
  - ジェンダーとは／ジェンダー・ステレオタイプ／ジェンダー・ステレオタイプの機能，維持と強化／教育場面におけるジェンダー・バイアス／ジェンダー・フリー教育をめざして
- **XII　生徒・学生の自己概念の構造**
  - ―学業的自己概念と非学業的自己概念との関連性 ………………… 179
  - 自己概念の定義／自己概念の構造的モデル

# 第1部
## 教育臨床の諸相

# I　学校社会におけるメンタルヘルスの課題

　今，学校メンタルヘルスに対する関心が高まっている。その理由は次々に起こる児童・生徒による問題行動をとおして，今の子どもたちの心に大きなひずみが生じていることが読み取られ，そうしたひずみをもたらす要因として学校社会がかかえる問題が大きいことが少しずつ注目されているからに他ならない。もちろん，学校だけが問題なのではない。子どもたちが育っていく環境や状況（家庭や地域社会）の変化の影響も当然視野に入れなければならない。今，学校の内外で子どもたちが問題行動を起こすと，まず「どうしてあの子が？」という疑問の声があがることが多い。むろんなかには，以前から問題行動を繰り返していて「やはり」とか「またやったのか」といわれることも沢山ある。しかし，最近目立つのは，普段はこれといった問題行動が目立たなかったり，むしろ周囲からは「良い子」としての評価を受けていた子が突然理解し難い行動に走ることが少なくない。結局理由がよくつかめないまま，そのうちに「問題を起こした子は実は特殊な病理性をかかえている」といった，一部の専門家たちのコメントが寄せられ，うやむやのうちに幕が下ろされてしまうことが多い。神戸において連続児童殺傷事件を起こしたＡ少年の場合も，栃木県において担任の女性教師をナイフで刺殺した中学生の場合も，教室でからかった友人をやはりナイフで刺殺した中学生の場合も，皆同じようにして幕引きが行なわれてしまっている。だがはたして特殊とはいったい何が特殊なのだろうか。たしかにそうした異常な行動を起こす子どもたちにはなんらかの病理性が潜んでいたとしても，その他の子どもたちは全く心配がないとはたしていい切れるのだろうか。そういい切ることのできない不気味さが依然つきまとっていると感じている人は少なくない。むしろ今の子どもたちの少なからぬ者には，なんらかの病理性と重なる心のひずみが潜んでおり，きっかけさえあればそれが表

に現れてくる可能性があるとみた方がよいと筆者は思っている。実際,特殊という言葉で締めくくられてしまうには,あまりにも多様な問題と事件が次々に起こっている。

## 1. 学校メンタルヘルスの視点

### (1) 現代社会におけるひずみ

　今日の学校や家庭が,子どもたちにとってはもはや居心地のよい場所ではなくなってきていることは,誰が考えても認めざるをえないところである。家庭における準拠集団(そこに所属することが精神的な拠り所としての安心感をもたらすもの)の意味が急速に揺らぎ,もはや家庭という生活の場や家族という緊密な人間関係が,その構成員に対して安らぎを与えるものとしての意味を失いつつある。学校もまた子どもたちにとっては本来,準拠集団としての意味や役割が大きかったはずなのに,いつのまにかその意味が失われてしまったかの感がある。「学校は面白くない」とか,「なんのために学校に行かなければならないのか」という疑問を子どもたちが口にし始めたことが,それを如実に物語っているのではないだろうか。不登校が年々増加し,児童・生徒間にいじめが多発するという背景がそこにはある。校内暴力であるとか,対教師暴力といった子どもたちの心の荒れを示す出来事も一向になくならない。第3章以後にその代表的な現象が紹介されているが,不登校の問題ひとつをとってみても,日本の学校教育が存亡の危機に遭遇しているといってもさしつかえないだろう。年間30日以上にわたって学校を休む児童・生徒の数が,平成10年度には12万7000人余に上っている。文部省が示す不登校の統計数値は過去20年間一向に衰えをみせず年々増加をつづけている。年間30日にはならないが,学校に出たり出なかったり,出ても顔をみせるだけという子どもたちも含めると,これよりはるかに多くの子どもたちが学校社会から遠ざかり始めていると思われる。また,97%を超える進学率に達し,ほとんど義務教育化したと考えられている高等学校にも不登校生徒は多く存在しているし,年間10万人を超える生徒が退学をしている。検定資格を取るなどして大学や専門学校に進学してい

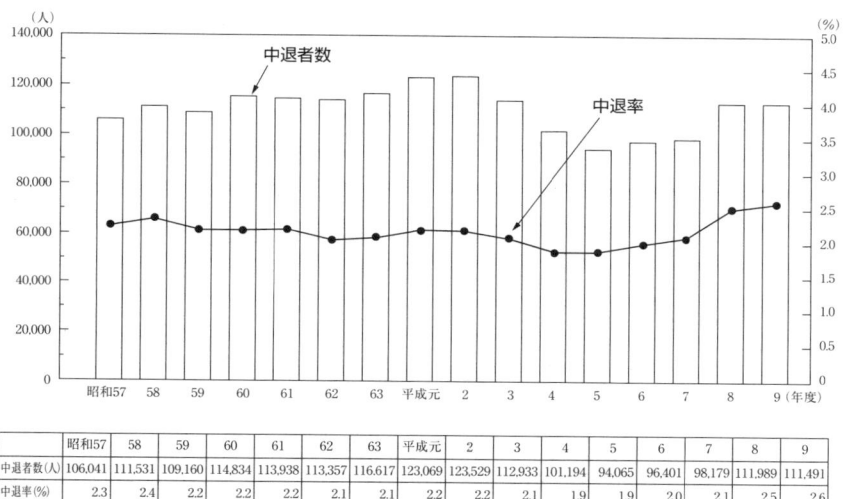

図1-1　公・私立高等学校中途退学者数の推移　（文部省調べ）

く者も多いが，そのまま「ひきこもり」をつづけるようになってしまう者も少なくない。とくに，小・中学校時代には学業面で優秀な成績を取っていた子が，高校に入ってからそれまでのようによい成績が取れなくなり，周囲の期待に応えられなくなってきたことに対する挫折感を抱くようになり，アパシー（無気力）化していくタイプの「ひきこもり」は，なかなかそこから抜け出せなくなってしまうことが報告されている。アパシー型の不登校は大学生にも多発しており，さらに深刻な問題をみせるようになっている。

　ところで，小・中学校における不登校者の比率が今後3％を超えると，義務教育としては相当深刻な事態になることを覚悟しなくてはならないと思われる。3％を超えるということは単純計算として考えると，1クラスに1人は不登校生がいることになる。そうなると教師の負担感は相当重くなるとともに，他の児童・生徒への影響力が働くことも無視できない。都市部の学校においてはすでにその兆しは少しずつ強まりつつある。実際，1クラスに3人もの不登校生徒をかかえ，その他にも落ち着きのない生徒や非行行動の目立つ生徒を指

I　学校社会におけるメンタルヘルスの課題　　11

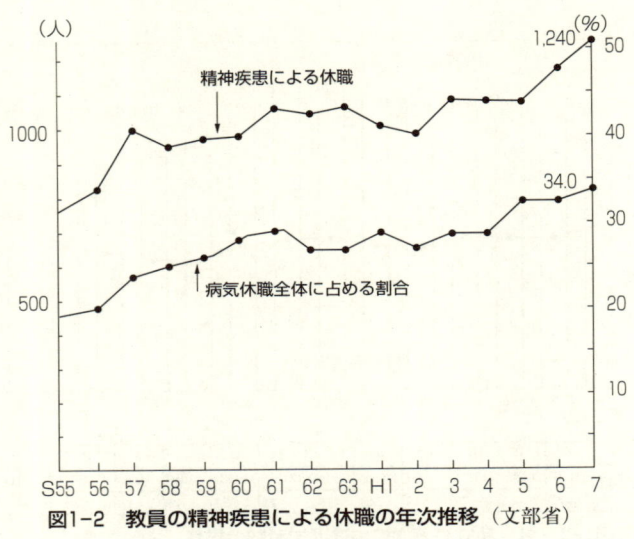

図1-2　教員の精神疾患による休職の年次推移（文部省）

導しなければならず，心身ともに衰弱してしまった教師もいる。学級崩壊なる言葉も登場してきた昨今，過重負担にあえぐ教師のメンタルヘルスをどうやって維持していくかも大きな課題となりつつあるといえる。

(2) 学校メンタルヘルスとは何か

　学校社会において子どもたちがみせるひずみ現象については各章に委ねるとして，根本的に学校がかかえている問題とはなんであるのかということを少し考えてみたい。その前に，そもそもメンタルヘルスとはなんであるのかということについてふれておきたい。医師であるとか医療職にある者がメンタルヘルスを語ると，大体が精神医学的な視点に立って，メンタルヘルス活動の目的は疾病異常の早期発見・早期治療を行なうことであると説明する者が少なくない。その場合のメンタルヘルスとは「精神保健」という言葉に置きかえられる。日本において精神保健に関する理念と政策的な基盤をつくっているのは「精神保健福祉法」である。正式には「精神保健及び精神障害者福祉に関する法律」という。この法律の内容をみていくと，精神保健が目的としているのは

やはり精神障害者への対応というものを軸として，その予防と発見・治療そして社会復帰の促進ということに主眼をおいていることがわかる。しかし，この法律の目的の第1条には実は精神障害者への対応と並んで，「国民の精神的健康の保持及び増進に努める」と「精神保健の向上を図る」ということが示されている。残念ながら，その具体的な方策はその後の条文にはさっぱり出てこない。それゆえ，わが国においては，精神保健とは精神障害になることの予防であるとの誤解が生まれ，メンタルヘルスというのはその英語訳にすぎないと解釈されてしまっている。ところが日本以外の国々における「メンタルヘルス」のとらえ方はかなり違う。そもそも「健康」に対しての認識にかなり違いがあるといってよい。国連の機関であるWHO（世界保健機構）では，健康を次のように定義している。「健康とは肉体的・精神的かつ社会的に良好な状態にあることをさす」というのがそれであり，さらに近年では発展途上にある国の人々の意見を取り入れて「魂（Spiritual）」というものを健康であるか否かを判断することの範疇に含めようとしている。その趣旨には，精神＝マインドは基本的に生物学的にみた脳の働きをさす概念であって，心の営みのすべてを包括するものではないという考え方が基本としてある。つまり科学的に説明できるところの，脳機能がつくる心の営みだけが「心」のすべてではないということをさしている。人間の心の有り様を考えるときには，文化であるとか風習，信仰心などに根ざした心の存在もまた「心の健康」という問題と切っても切れない関係にあるという認識がそこにはある。もっともな考え方であるといわざるをえない。要するに「メンタルヘルス」の主眼とする「心の健康」のとらえ方は，単に「病気」か「病気でない」というレベルではなく，「生きがい感」であるとか「他者への信頼感」，「日常生活の充実感」といった人の生活上の営みのすべてにかかわる心の有り様が問われてくるものであると考えられる。

(3) **学校メンタルヘルスの基本は事例性への対応**

　これを別な表現を用いて説明すると，疾病性（illness）と事例性（caseness）のどちらに焦点をあてていくかという問題になっていく。疾病性を問題とするのであれば，診断と治療の方に力を注がなくてはならない。健康と非健康とを

明確に区分する鑑別基準を駆使することによりそれは進められていく。一方，事例性を問題とするのであれば，厳密な鑑別基準は必要ではなくなる。大西守によれば学校という社会のなかで「何か奇妙な行動をとる生徒がいる」とか，「以前はおとなしく勉強できていたのに，最近では落ち着かなくなった」，「以前は友達が多かったのに，最近ではクラスで孤立している」といったことがそれにあたるとしている。教育の現場にいる者のメンタルヘルスの認識としてはこれで充分であり，こうした認識をもつということは診断をすることでもなんでもない。しかし，明らかにその子どもに生じたメンタルヘルス上の問題に注目していることになる。そうした認識のもとにその子に生じた変化というものが，はたして学習課題の問題から生じているのか，学級経営の問題から生じているのか，それともその子の家庭状況の問題であるのか，あるいは心理学的ないしは精神医学的な問題であるのかという検討が必要になってくる。もしも精神医学的な問題であるということであれば，その対応は原則として医療機関なり専門機関に委ねられるべきものであり，そうでないとすれば，学校組織としての対応をすべきかそれとも教師の対応を変えるべきか，学級全体の問題として改善すべきかなどの課題と向き合わなければならない。それが学校メンタルヘルスとしての取り組みということになっていくのである。カウンセリングもその対応の一つとして講じられていくのだが，問題行動をみせる子にただカウンセラーをつければよいというのではないということに気がつかなければならない。

(4) **疾病性に対する認識の必要性—病理性の理解—**

これまで述べてきたこととやや矛盾することを述べることになるのだが，学校メンタルヘルスの基本としては，あくまでも「事例性」を大事にするとしても，「疾病性」に対する理解が必要になってくることもある。たとえば中・高生の年齢段階にはさまざまな精神疾患が初発段階として症状をみせることがある。「思春期妄想症」であるとか，「小児分裂病」と呼ばれる病理現象が出現したり，神経症の症状をみせる者も少なくない。神経症は幼い子どもがみせる「チック症状」のレベルから，思春期に発症しやすい「不潔恐怖症」であると

か「強迫神経症」のようなものまで，多種多様なものが児童・生徒によくみられる。また，近年では「思春期やせ症」と呼ばれる食行動の異常や，高校生になると「過食症」に転ずる者もあり，その結果不登校になる者もいる。「家庭内暴力」をみせる子どもたちも少なくない。学校に来なくなった子どもたちが家庭内ですさまじい暴力行為を繰り広げている例は多い。そうした病理現象に対してどのように治療していくかということは，医師や臨床心理士などの専門家にまかせるとしても，その子どもたちの学校とのつながりは必ずしも切れるわけではない。治療を受けながら学校に通ってくる子も少なくないし，事例性の把握から疾病性の存在に気づき，家族や専門家との橋渡しをしなくてはならないこともある。次章でも述べるが，学校のなかに専門的知識と訓練を受けた臨床心理士のようなスクール・カウンセラーがいれば，連携しながら対処していくことができるが，そうでない場合には教師として，そうした病理現象を呈する子と向き合わなければならないことがある。基本的な病理とその対応の仕方についてあらかじめ専門家の助言を受けておくことが大切である。

## 2. 子どもたちの心のひずみ

### (1) 人間関係に怯える子どもたち

ところで，現代社会において子どもたちがみせる動きのなかには，メンタルヘルス的にみてかなり問題であると考えられることが多くある。そのうちの一例をあげるならば，今の子どもたち（高校生・大学生を含む）のなかには，対人関係に対する「怯え」とでもいうものをかかえている者が少なくないということがあげられるだろう。最近の子どもたちはよく「うざったい」という言葉を使う。わずらわしいとか面倒くさいといったニュアンスが含まれているのだが，この言葉が人に向けられていくときというのは，その背後に相手に対する「怯え」が内包されていることが少なくない。何に対する「怯え」かというと，自分の内面を知られることや，自分の弱みをみられることへの不安からもたらされるものと考えられる。その不安がつきまとっている相手が，自分が求めていないにもかかわらず自分の内的世界にかかわろうとしてきたときに，「うざ

ったい」という言葉が投げかけられていくことになる。これ以上接近するなという牽制球の役割をもつ言葉である。しかし,「うざったい」という言葉にはまだ発する側の余裕とも思える響きが伝わってくる。自らが主導権を取って,相手をそれ以上は自分の世界に近づけないという意思が働いているからなのであろう。ところが,そうした牽制球を投げたにもかかわらず相手がそれに気づかなかったり,無視をしてさらに接近をつづけようとすると,今度は「むかつく」という言葉を発するようになる。筆者は「むかつく」という表現は出すべき言葉を失った時の身体表現の言語化であると認識している。胸や胃がムカムカしてくる感じが文字通り表現されたものと思われる。言葉を交わすことによって相手に自分の立場を納得させようとするのではなく,「むかつく」という言葉を半ば独語的につぶやくことにより,どんどん壁際に追いやられていく不安を必死に解消させようとする気持ちが伝わってくる。それでもさらに相手が接近する構えをみせ,もはや逃げられないという感じが襲った時に,「切れる」という言葉に象徴される心の動きが生じる。「切れる」瞬間というのは,「頭のなかが真っ白になり何も覚えていない」ということを彼らはよくいう。気がついた瞬間には,自分でもよくわからない行動が起こっていたという。この場合に使う「切れる」は文字通り引き裂かれていく状態をさす「切れる」であって,最近よく用いられている「キレル」では適切ではないと筆者は思っている。

　このように「うざったい」「むかつく」「切れる」という一連の言葉は,今の子どもから若者の心にある対人関係の脆弱さを示していると考えられる。この種の怯えをかかえる者たちからすると,いわゆる熱血教師というのは一番苦手な存在でもある。テレビ・ドラマの主人公である「金八先生」は,大人たちの目からすると理想の教師像として評価されているが,このような怯えをもつ子どもたちからは必ずしもそう思われてはいない。うざったい先生としか思われていないのである。

(2)　**人間関係を拒否する子どもたち**
　しかし,人間関係を「怯え」でとらえる者ばかりではない。近年気になるの

はむしろ人間関係をわずらわしいと思い，可能ならば人間関係をなるべくもちたくないと考えている若者たちが出現していることである。小学生ではまだそれほど顕在化してこないが，中学生あたりから少しずつ目につくようになり，高校，大学と年齢が増すごとにはっきりしてくる。かれらは学校のなかでの人間関係をできる限り最小限にとどめようとする。クラブ活動やサークル活動への参加は拒否するし，大学生になるとコンパ活動やゼミ活動さえも拒否の対象となっていく。その理由は大きくいって2つある。1つは雑談的なものを嫌い，雑談が交わされる場面を避けようとすることである。自分の知らない話につきあわされるのが苦痛という者から，無駄話をしてもしょうがないという者までいる。もう1つの理由としてあげるのが，自分の考えていることであるとか自分が正しいと思っている価値観に対して，他人から批判されたり否定されるのが苦痛であるというものである。つまり，自分の考えにあくまでも固執しようとするあまり，他人の介入を拒否するという態度に出る。これではますます対人関係は狭くなっていくであろうし，異なる意見や考え方のすりあわせにより真実をみつけようとする姿勢は全くみられなくなる。この発想は小・中学生の段階だと，小集団によるグループ学習が苦手という形で出現している。グループ学習を行なう授業になると保健室に避難したり，学校を休むという子どもたちが少しずつ目につくようになってきている。心の歪みがそうした動きをもたらしているのか，それともそうした動きが心を歪ませていくのか，いずれにしても社会性に乏しい心がそこにはある。歪みがあるとはいっても，そこからはなんの疾病性も浮かび上がってはこない。ただ明らかに対人関係の歪みが拡大していくという事例性が存在している。メンタルヘルスの視点からする

表1-1 **いじめの発生件数の推移**

| 区　　　　分 | 平成8年度 | 平成9年度 | 平成10年度 |
|---|---|---|---|
| 小　　学　　校 | 21,733 | 16,294 | 12,858 |
| 中　　学　　校 | 25,862 | 23,234 | 20,801 |
| 高　等　学　校 | 3,771 | 3,103 | 2,576 |
| 盲・聾・養護学校 | 178 | 159 | 161 |
| 計 | 51,544 | 42,790 | 36,396 |

表1-2 生徒間暴力の発生状況（公立学校）（昭和60～平成8年度）

| 区分 | 中学校 | | | | 高等学校 | | | |
|---|---|---|---|---|---|---|---|---|
| | 発生件数 | 発生学校数 | 加害生徒数 | 被害生徒数 | 発生件数 | 発生学校数 | 加害生徒数 | 被害生徒数 |
| | 件 | 校 | 人 | 人 | 件 | 校 | 人 | 人 |
| 昭和60年度 | 1,477 | 840 | 5,186 | 2,708 | 478 | 218 | 1,113 | 615 |
| 61年度 | 1,262 | 685 | 4,103 | 2,451 | 516 | 262 | 1,157 | 676 |
| 62年度 | 1,457 | 732 | 4,121 | 2,469 | 617 | 266 | 1,208 | 715 |
| 63年度 | 1,679 | 737 | 4,057 | 2,409 | 878 | 339 | 1,948 | 1,123 |
| 平成元年度 | 1,904 | 878 | 4,825 | 2,729 | 969 | 406 | 1,987 | 1,130 |
| 2年度 | 1,859 | 935 | 4,884 | 2,549 | 1,098 | 450 | 2,314 | 1,363 |
| 3年度 | 2,086 | 965 | 5,122 | 3,095 | 1,329 | 515 | 2,769 | 1,522 |
| 4年度 | 2,309 | 1,029 | 5,486 | 3,427 | 1,259 | 520 | 2,587 | 1,383 |
| 5年度 | 2,390 | 1,047 | 5,478 | 3,538 | 1,416 | 535 | 2,366 | 1,305 |
| 6年度 | 2,976 | 1,198 | 6,264 | 4,200 | 1,522 | 627 | 2,783 | 1,597 |
| 7年度 | 3,530 | 1,184 | 6,386 | 4,656 | 1,721 | 721 | 3,112 | 1,888 |
| 8年度 | 4,682 | 1,463 | 7,859 | 6,094 | 1,971 | 838 | 3,553 | 2,152 |
| 7～8年度増減 | 1,152 (32.6%) | 279 (23.6%) | 1,473 (23.1%) | 1,438 (30.9%) | 250 (14.5%) | 117 (16.2%) | 441 (14.2%) | 264 (14.0%) |

表1-3 対教師暴力の発生状況（公立学校）（昭和60～平成8年度）

| 区分 | 中学校 | | | | 高等学校 | | | |
|---|---|---|---|---|---|---|---|---|
| | 発生件数 | 発生学校数 | 加害生徒数 | 被害教師数 | 発生件数 | 発生学校数 | 加害生徒数 | 被害教師数 |
| | 件 | 校 | 人 | 人 | 件 | 校 | 人 | 人 |
| 昭和60年度 | 681 | 434 | 1,237 | 909 | 117 | 67 | 178 | 125 |
| 61年度 | 624 | 375 | 1,058 | 838 | 107 | 64 | 137 | 116 |
| 62年度 | 557 | 345 | 886 | 693 | 108 | 77 | 137 | 122 |
| 63年度 | 721 | 428 | 1,079 | 915 | 123 | 82 | 187 | 147 |
| 平成元年度 | 744 | 425 | 1,014 | 872 | 136 | 92 | 191 | 149 |
| 2年度 | 713 | 409 | 995 | 890 | 225 | 129 | 257 | 263 |
| 3年度 | 632 | 396 | 922 | 753 | 226 | 130 | 279 | 228 |
| 4年度 | 724 | 408 | 977 | 882 | 239 | 144 | 277 | 244 |
| 5年度 | 719 | 358 | 1,003 | 898 | 198 | 112 | 217 | 207 |
| 6年度 | 797 | 396 | 931 | 940 | 195 | 127 | 207 | 202 |
| 7年度 | 888 | 455 | 1,001 | 1,036 | 227 | 127 | 236 | 220 |
| 8年度 | 1,316 | 595 | 1,431 | 1,402 | 234 | 158 | 256 | 244 |
| 7～8年度増減 | 428 (48.2%) | 140 (30.8%) | 430 (43.0%) | 366 (35.3%) | 7 (3.1%) | 31 (24.4%) | 20 (8.5%) | 24 (10.9%) |

と，やがて彼らが社会の中枢に立つとき，かなり憂慮すべき問題になるだろうと危惧している。

このように，対人関係に緊張や不安をもつ子どもたちが多くなれば，それだけトラブルも発生しやすくなる。「いじめ」が多発するというのも，子どもたちのなかに生じた摩擦がエスカレートしやすいという見方もできるし，対生徒・対教師間における暴力行為もまた必然的に起こりやすくなっていると考えることができる。

## 3. 学校教育とメンタルヘルス

### (1) 学校メンタルヘルスの課題

話を元に戻すことにしよう。子どもたちの心のひずみが多くみられるようになってきた背景としては，「偏差値と学歴によって子どもたちをがんじがらめにした影響」であるとか，「知識ばかりが詰め込まれ，感性を育てる教育や人間性が軽視されるようになった結果」といったことがこれまではしばしば指摘されてきた。つまり，教育をする側の基本的な姿勢が問われていることになる。たしかにこのようなレールの上を走ることを余儀なくされれば，そのレールに乗って走ることができなくなった子どもたちに，メンタルヘルスにかかわる問題が生じてくるであろうことは容易に想像できる。しかし一見するとレールに乗り周囲の期待に応えているかのようにみえる子どもの側にも，やはりひずみは現れてくる。レールに乗りつづけることもまたストレスを生んだり，犠牲とするものが多いことからもたらされる不満や不安をもてあますようになるからである。しかし，子どもたちのメンタルヘルスが悪くなってきた要因は，必ずしもそうした学業を理由にするものだけではない。もっといろいろな要因が重なって，いわば複合汚染の状態になって出現していると考えられる。とりわけ問題としなければならないのは，学校という制度そのものが，いうならば「制度疲労」を起こしており，子どもたちの実態に合わせられなくなっているのではないかということである。そしてもう1つの要因として浮かび上がってくるのは，進行しつつある価値意識の多様化に親も学校も対応できていないこ

いうことである。その両者の重なるところにさまざまな問題が出現していると考えられる。要するに，従来の学校がつくってきた仕組みや教育課題と，今日の子どもや親たちが求めるものとが乖離し始めているということである。その狭間において，子どもたちは自分の行動の基準をみつけられなかったり，統合できない不安をかかえていると考えられる。狭間に苦しんでいるのは子どもたちだけではない。教師もまた軸足を定めることができずに苦悩し，その結果先にも指摘したとおり，心身の不調に陥ったり抑うつ的になってしまう者が少なくないのである。

　制度疲労ということをもう少し解説してみよう。わが国における学校のあり方は，明治の学制発布当時と基本的にはほとんど変わっていないといってさしつかえない。校舎内の廊下に沿ってずらっと配置された教室。黒板に向かって整然と並べられた机。私語を許さず，ひたすら教師が黒板に書くことをノートに写すことを要求される授業態度。教科書をくまなく読み，宿題の提出と定期的な試験により各自の習熟度が判定される評価方式。規律を重んじ連帯性を重視する学校生活。そうした教育のスタイルは今も昔もほとんど変わっていない。そのなかから浮かび上がってくる学校の使命とは，児童・生徒の同質化を図ろうとするものである。一定の価値観にもとづき，共通する考え方や行動の様式を身につけることが大切に考えられていた時代には，そうした教育のスタイルはきわめて効率的に効果をあげることができたと考えられる。だが，そうした教育スタイルと，個性を重視し主体的に生きる力を育むことを願う今日的な親の要求や意識と，そうした要求や意識を幼い頃から刷り込まれつづけてきた子どもたちの行動様式との間には，相当なズレが生じていると思われる。親と教師の態度のいかんによっては，子どもたちは「家庭」と「学校」とから異なるメッセージが与えつづけられるという，二重拘束的（ダブル・バインド）状況に身を置かなくてはならない。同時に異なる，しかもそれぞれが相互に矛盾するようなメッセージであったり，他方を否定するようなメッセージが与えつづけられると，受け手に混乱と不安を生じさせるというのが，ダブル・バインドの考え方であるが，今の子どもたちの教育状況は多かれ少なかれこのダブ

ル・バインド的になっており，そのことが子どもの精神面に大きな歪みを起こしているとも考えられる。

### (2) 今後の課題

それではそうした問題状況を変える手だてははたしてあるのであろうか。物理的な改革の試みは少しずつ行なわれている。教室の壁を取り払いオープン・スペースのなかで，複数の科目を同時に進行させる授業形態を取り入れたり，机の配置も黒板に向けて整然と並べるのではなく，5,6人の小集団ごとに机を固め，グループ学習がしやすいようにするなどの試みが始まっている。給食も教室内でいっせいに同じものを食するのではなく，カフェテリア・スタイルの食堂でバイキング方式により好きなメニューを選ぶという試みもある。学校の建物や運営の構造を変えることによって，子どもたちの意識や要求に応えようとする試みは今後ますます活発になっていくであろう。そうすることによって生徒にも教師にも精神的なゆとりがもたらされるのであれば，今よりは学校に対する親近感も生まれてくると考えられる。しかし，そうした改革の試みはまだ始まったばかりである。わが国の学校全体に波及するには相当の時間がかかると思われる。莫大な経費を必要とする点からすると，そうたやすく進むことではないとも思われる。経費の負担をそれほどともなわない改革としては，カリキュラムの再編が行なわれようとしている。2002年からの完全週休2日制に向けて学習指導要領の改訂が行なわれ，全体としては教育内容の約1/3が削減されることになった。総合的学習といった新しい発想を通して「生きる力」を育もうとする試みも始まる。しかし，こうした試みによって学校生活に興味を抱き，学校になじめるようになる子どもたちが多くなることが期待される一方で，先にあげたように，密なる人間関係をわずらわしいとする子どもたちにとっては，学校はますます行きたくない場として意識されるようにもなりかねない。かれらにとっては集団のなかで匿名の存在でいられることこそ安心できることであり，自分の言動の一つひとつが周囲に影響する場というのは苦痛を与える場として拒否することになる。一つの改革の試みが新たなる不登校現象の増加をもたらしかねないのである。教育改革の難しさがそこにあ

る。

　一方，そうした学校のハード面の改革とは別に，スクール・カウンセラーを配置したり，「心の教室」と呼ぶ「溜まり場」的な機能をもつ相談室をつくることによって，子どもたちの心と少しでも向き合おうとする，ソフト面での充実を促進しようとする動きも活発になっている。「心の教室」というのは，中央教育審議会の建議により生まれたものであるが，少子化現象の進行によって学校内に空き教室が生じるようになっており，これを活用することによってこれまで授業に出られない子どもたちの「溜まり場」となっていた保健室から子どもたちを移そうとする試みでもある。「心の教室」をつくる背景には，保健室の多くが精神的な問題をかかえる子どもたちのカウンセリングの場としての役割を果たすようになった反面，身体的な保健活動の場としての役割が充分に果たせなくなってきている所が生まれてきていることに対応する意味もある。しかし，そうした動きが，ある程度の効果をあげたとしても，今の子どもたちの心の歪みの中心となる部分がはたして解消されるかというと疑問である。個別の課題，個別の動機にもとづく問題行動に対処するという意味では，そうしたカウンセリング活動がたしかに意味をもつものであろうが，増えつづける不登校やいじめ，暴力的行動に対応するにはやはり，子どもたちの心をどう育てるかという基本問題を抜きにしては解決することはおそらくできないからである。こうした問題に対処するためには，ただ学校の改革をすればよいというのではなく，子どもの心の基礎を育む家庭状況や親の意識も変えていかなければならないであろうし，地域社会の子どもに対するかかわり方も再構築していかなければなるまい。この点に関しては，生涯学習的な分野であるとか保健・福祉の分野との密接な連携を図ることが学校教育に求められているといえるだろう。

　明治の学制発布以来，日本の学校は西欧文明がつくり出した果実を貪欲に取り入れ，子どもたちに注入していく役割を担ってきたと考えられる。西欧社会に追いつき追い越すために，最初は近代的な科学技術をまず模倣することから

始まり，一時，その反動ともいえる極端な国粋思想の培養が学校を基盤に行なわれたものの，第2次世界大戦の敗戦を機に，この半世紀の間は，今度は社会科学の分野の取り込みに力を入れるようになって今日に至っている。なかでもわれわれがもっとも学習させられたのは西欧民主主義の理念をしっかりと身につけることと，個性を尊重し自立した人間になることであったといえるだろう。それは一見すると日本社会に定着したかに思える。しかし，先にもあげたように，同質性を求める学校教育の基本姿勢は依然として変わらず，「みんな仲良く」といった調和を重んじる標語が掲げられた学校社会のなかで，「個性を大事にする」という自立の基盤づくりとの整合性をどうやってつくっていくのか，よく考えてみると悩む教師は少なくないはずである。しかも，この半世紀に生じた急激な社会構造の変化は，これまで家庭や親の役割とされていた多くの躾けの課題を学校に委ねるという流れを加速していった。学校教育のバブル現象が起こってしまったと考えられる。その結果，教師は父親の役割と母親の役割をも引き受けなくてはならなくなり，そのうえ次々と生まれる新しい教育課題を子どもたちに詰め込む役割を担わされていった。結果的に子どもたちにとっては，学校という所はあれもこれもと詰め込まされる疲れる場所としての認識しかもてなくなり，教師は口うるさく，学校は面白くない世界ということになってしまったのではないだろうか。このような状況のもとで，教師・生徒そして親たちが精神的な歪みを起こし始めていると考えられる。

**参考文献**
児玉隆治・高塚雄介（編）　1997　学校メンタルヘルス実践事典　日本図書センター
高塚雄介　1998　学校現場でのメンタルヘルス　日本精神保健福祉連盟広報誌　No. 24
大西　守　1998　学校保健活動への若干の私論　日本精神保健福祉連盟広報誌　No. 24
文部省（編）　1999　平成11年度　我が国の文教施策―進む教育改革―
高塚雄介（編）2000　人間関係と心の健康　金剛出版

# II 学校カウンセリングへの期待と問題点

## 1. 学校カウンセリングへの期待

### (1) スクール・カウンセラーの導入

　1995（平成7）年，わが国において初めて公立の小・中・高等学校にスクール・カウンセラーが文部省によって導入された。これは愛知県の中学生の自殺問題等を機に，「児童・生徒の問題行動等に関する調査研究協力者会議」などの提言を受ける形で，緊急に「スクール・カウンセラー活用調査研究委託事業」として3億7000万円の予算措置が講じられ，実施に移されたものである。初年度は全国154校（各都道府県ごとに小学校・中学校・高等学校にそれぞれ1名ずつ，計3名）にスクール・カウンセラーが派遣されただけであったが，1998年度には33億2900万円という多大な予算措置のもと，全国1506校にスクール・カウンセラーが派遣され，委託事業の終わる平成12年度には2000余名のスクール・カウンセラーが全国に展開することになっている。文部省ではこの調査研究委託事業を展開するにあたり，原則として臨床心理士を派遣することにしており，各都道府県における臨床心理士会がその人選のとりまとめを行なっている。文部省の事業展開と並んで，各都道府県ごとに独自のスクール・カウンセラーの派遣制度を設け実施しているところも少なくない。たとえば埼玉県では「さわやか相談員」という制度を設け，臨床心理士以外のカウンセリングの素養をもつ人たちを派遣している。この他に「ボランティア相談員」という人たちを各学校ごとに委嘱し，主として家庭訪問にあたらせている。この場合の資格条件はとくに定められておらず，地域における青少年の育成に関心があるとされた人たちがその役割についている。また，東京都や千葉県などではアドバイザリー・スタッフなどの名称のもとに，臨床心理士や精神科医師，教

育学・心理学等の大学教師を要請に応じて学校に派遣し，主として教職員の相談や保護者からの相談に対応するなどの体制を講じるようになっている。このように，学校のなかに学外の人間をカウンセラーとして導入する動きが，近年活発になってきている。

　文部省の委託事業は平成12（2000）年度で一応その役割を終えることになっているが，文部省では6年間の派遣事業の分析をふまえて，翌年からは，全国のすべての中学校区にスクール・カウンセラーを配置したいとの意向をもっていると伝えられる。しかし，全国には約1万5000校の中学校があり，そこに配置する専門カウンセラーの数を確保するのはきわめて難しいし，予算措置を講じるのもかなり困難をともなうことが予想されている。このため，臨床心理士以外にも学校でのカウンセリングを担うのに適した人を登用するようにとの働きかけが，いくつかの心理学系の団体から起こっている。「学校心理士」であるとか「教育カウンセラー」などの名称が使われているが，それぞれがバラバラにスクール・カウンセラーを標榜し始めると，学校現場に新たなる混乱がもたらされてくることも予想される。スクール・カウンセラーとしての基礎要件を確立するか，それぞれのカウンセリングの守備範囲といったものの違いを明らかにすることが必要になると思われる。

(2) **スクール・カウンセラーとは何か**

　いずれにせよ，急速に拡大し注目も集めているスクール・カウンセラーであるが，一体どのような役割を担う存在なのであろうか。スクール・カウンセラーの先進国とされるアメリカでは，1958年に施行された教育法のなかですでにカウンセリングの重要性が指摘されている。現在アメリカにおけるスクール・カウンセラーの取りまとめを果たしているアメリカ・スクール・カウンセリング協会（ASCS）はスクール・カウンセリングの役割について次のように指摘している。

　「スクール・カウンセリングとは，個性の尊重と潜在的能力の実現をめざす教育的活動であり，幼稚園から高等学校にいたる教育活動のなかで，総合的かつ開発的なプログラムをつくり，一人ひとりの子どもたちの知的能力や個人的

能力，社会的能力さらに職業選択的能力を開発し，責任ある創造的市民を育成することである。」（臨床心理のスクールカウンセリング1　誠信書房に詳述）

　ここに書かれている役割を遂行するカウンセラーという存在は，Professional　Educatorであると位置づけられている。わが国におけるスクール・カウンセラーが「いじめ」であるとか「不登校」や「暴力的行動」などの病理性が高いと思われる子どもたちへの対応という視点から始まったために，どちらかというと治療的活動の面が強く出てしまっているのに対し，アメリカにおいては生徒たちの資質の開発と向上というところに，主眼を置いている点が違いとして浮かび上がってくる。どちらかというと，病理的な問題をかかえる心的世界への対応の訓練を受けた者が多い臨床心理士が，まずスクール・カウンセラーの役割を付託されたということに対して意義を唱える人たちがいるが，アメリカにおけるスクール・カウンセリングの位置づけと視点に立つならば確かに考えさせられるところではある。しかし，アメリカにおけるスクール・カウンセラーは当初からその役割を教師の仕事とは分離し，専門性を有する仕事として確立してきたということの方がより重要であると筆者は認識している。日本ではこれまで教師がカウンセラーの役割をも担うべきであるという考え方が強く，そのための研修がかなり広く行なわれてきた。この場合のカウンセリングは「生活指導」としての役割と重ねて考えられてきた。研修の中心は生徒の話をよく聴くための聴き方であるとか，いかにして受容していることを伝えるかといった技法的なものに偏り，あとは相手に対する思いやり＝カウンセリング・マインドをもつことであると教育された。一方的に生徒を押さえつけようとする傾向が強かった，従来の生徒指導を変えるという意味では，そうした研修が無意味であったとは思わないが，その一方では，そうした研修のやり方がカウンセリングをあまりにも簡単にできるものであるとの見方をもたらしてしまい，誤解をもたらしたことも否定できない。結果的にみるならば，そうした教師によるカウンセリングというものに限界があるからこそ，病理性をもつ子どもたちにうまく対応することができず，今日の学校社会における子どもたちの問題行動をエスカレートさせてしまったという見方もできる。もち

ろん教師によるカウンセリングの大切さを否定するものではない。しかし，そこに心理学や精神医学，さらにいうならばメンタルヘルスの専門家がもっと早くから介入することができたならば，もう少し事態は変わっていたのではないかと思われることはけっして少なくない。

## 2. カウンセリングの基本

### (1) わが国におけるカウンセリングの歩み

　同じようなことは，スクール・カウンセリングに限らず，日本におけるカウンセリング活動の発展過程に押しなべてみられた問題でもあった。短期間の研修などでカウンセリング・マインドの大切さを学習し，相手の話を聴く技法さえ身につければ，誰でもカウンセラーになれるという錯覚を広めてしまったという例はいくらでもある。今でもそうした感覚のもとに安易にカウンセラーと称する存在を多数生み出している団体や組織がある。そもそもカウンセリング・マインドというものについての認識自体が，ただ「思いやりがある」とか「やさしい心」をもつということでは本来ない。マインドという言葉にはメンタリティと共通する意味があり，人間の脳の働きが及ぶあらゆる精神の営みがそこには含まれるものである。当然，理性的に考えることであるとか，客観的に判断するということもその意味のなかには含まれている。したがって，カウンセリング・マインドとは，「思いやる」とか「やさしい」とかという言葉で示される情緒的なものだけをさすものではない。サリバン（Sullivan, H. S）は，「関与しながらの観察」こそ臨床家が心しなければならないことであるということを指摘しているが，まさにその姿勢こそカウンセリング・マインドと呼ぶべきものである。そう考えてみるとカウンセラーに求められるのはただ相手の話をよく聴くだけではだめであって，問題の所在を見極めたり，クライエントが問題に対処していける力をどれだけ有しているのかということを明確に判断していくことが必要である。つまり，「見立て」ができなければならない。カウンセリングにおける「見立て」とは，医師が行なう診断を意味する「診立て」とは異なる。この点については後の方でもう一度ふれることにするが，一

方で生徒の評価義務を負いながら，他方で生徒の個別性に充分配慮するカウンセラーとしての役割をひとりの教師がこなすというのは，かなり自己矛盾をかかえることになりかねない。だからこそ教師＝カウンセラーという発想にはかなり無理が生じてくるだろうということを筆者は危惧している。わが国のカウンセリングの発展に多大な影響を与えた，C. ロジャーズ（Carl, R. Rogers）はカウンセリングの原則のひとつに「純粋性」ということをあげているが，自己矛盾をかかえながら「純粋性」（genuineness）を保つということはけっして容易なことではない。そうしたことを考えるならばやはり学校におけるカウンセラーの職務は，教師の職務とは区別しカウンセリングを行なうにふさわしい専門性を磨いていかなければならないと思われる。人間の心理，精神の病理，社会の病理と歪みなどに対して，常にタイムリーにかかわっていくためには，教育という仕事の片手間にできることはけっしてない。カウンセリング・マインドをもつことは大事なことであるが，それは教師としてあたりまえのことであって，それで即カウンセラーになれるということではなく，カウンセラーになるための入り口にすぎないということをしっかり認識していくことが大切である。

(2) カウンセリングの歴史

ここでカウンセリングというものの歴史を少しみていくことにしよう。かつては，キリスト教の文化圏に属する社会においては，教会という場で聖職者が信仰上の悩みはもとより生活面における，もろもろの悩みを聴くことがあたりまえのように行なわれていた。そうした行為をさす，「パストラル・カウンセリング（pastoral Counseling＝牧界カウンセリング）」という言葉が今も残っている。同じようなことはイスラム教など他の宗教界にもみられる。カウンセリングという行為の考え方の基礎には，こうした宗教世界におけるカウンセリング的活動の影響が強く存在している。魂の救済とでもいうべき役割がそこには存在していたと考えられる。しかし，今日用いられているカウンセリングとは，そうした宗教的なものとは異なるものである。宗教活動とは別なところでカウンセリングの考え方が一般化したのは，歴史的にみるとずっと後世になっ

てからのことであった。イギリスにおいては産業革命以後，貧富の格差が拡大するなかで貧民救済活動と呼ばれる，今日でいうところの福祉活動の原型が生まれ，個別の困窮状況に対応するケースワーク的な行為が次第に広がっていったとされている。カウンセリング的な対応とケースワーク的な対応にはかなり重なる点も多く，今日のカウンセリング理論の基礎がそこで育まれていったと考えることができる。しかし，カウンセリングの用語とともにその理論や方法が深められていったのは，20世紀以後のアメリカ社会においてであった。奇しくも1908年という年に，今日のカウンセリングの流れをつくる2つの動きがアメリカで起きている。一つは，ボストンにある職業指導局が開設した職業斡旋と指導のためのプログラムの始まりである。文化・宗教・言語などが異なる多民族国家であるアメリカ社会において，本人の求める職業と適性，能力などを十分に把握しながら仕事をみつけることを，カウンセリングを通して可能にしようとするものであった。今日ではボケーショナル・カウンセリングと呼ばれているが，近代的カウンセリングの源流をつくったといってさしつかえない動きである。この後，心理測定法が相次いで開発されたことにより，職業指導に限らず子どもの能力や適性を見極めながら個性を伸ばすということが重視されるようになり，カウンセリングのもつ教育的側面が次々と開拓されていった。一方，同じ1908年にコネチカット州に精神衛生協会が設立されている。これは同年に，ビアーズ (Beers, C. W) により刊行された，『わが魂にあうまで (*A Mind That Found Itself*)』に触発された，精神医療の改善を求める多くの人々の賛同により急遽設立されたものである。ビアーズという人は，自らが3度の精神病院への入院体験をもつ人であって，病院のなかでひどい待遇と虐待を受けた体験をその本のなかで明らかにし，精神医療の実態について告発をしたのであった。精神衛生協会の設立は，当時アメリカにおいて力をもち始めていたアドルフ・マイヤー (Meyer, A) らの支援を受け，「力動精神医学」の考え方にもとづく精神療法の発展を促す結果になった。このように，教育・開発的なカウンセリングの流れと，精神・心理治療的なカウンセリングの流れとが同時にスタートしたわけである。後者は精神療法もしくは心理療法（もともと

は同じことをさしており，Psychotherapyと呼ばれる）と今日では呼ばれているが，心の変容を図るという点ではカウンセリングと共通する行為とみなしてさしつかえない。事実，先にもあげたC. ロジャーズは『カウンセリングと心理療法（*Counseling and Psychotherapy*）』を著すなかで，カウンセリングという行為に含まれる治療的な側面を指摘している。日本ではカウンセリングと心理治療とは別なものであり，それを協調したのはロジャーズであるかのように思っている人がいるがそれは大きな間違いである。ロジャーズは治療行為におけるアプローチの仕方の違いを強調したのである。

さらに，その後のカウンセリングの発展において大きく寄与したのは，「学生相談」という分野であった。E. ウィリアムソン（Williamson, E. G）は1939年に著した『学生相談をどのように行なうか（*How to Counsel Students*）』において，カウンセリングというものの全体像を示そうとしている。今日でいうところの「メンタルヘルス」の維持と促進によって，学業の遂行が可能となるという発想がそこにはある。この「学生相談」という領域におけるカウンセリングの考え方や実践が，わが国におけるカウンセリングの発展にも大きな影響をもったのであった。

## 3. 学校カウンセリングの課題

### (1) 学生相談と学校カウンセリング

日本にカウンセリングについての理論や技法が体系的に導入されたのは，第2次世界大戦後のことである。敗戦国日本に対して戦勝国側が占領政策として重視したもののなかに日本の教育改革があった。それまでの号令一下に一糸乱れぬ行動をつくり出す集団主義的教育をあらため，個の尊重と個性を重視する教育への転換が強く求められた。その具体的方法として，アメリカではすでに市民権を得ていたスクール・カウンセリングの考え方の導入が図られた。アメリカからカウンセリングの専門家が招聘され，各大学の教育学や心理学の教育にあたる教員が受講することになった。そこで学んだカウンセリングの理論や技法が，全国各地の大学関係者を中心に展開されていくことになったのであ

る。組織的なカウンセリングの動きとしては，1953（昭和28）年に東京大学に学生相談所が開設され，学生に対するカウンセリング・サービスを開始したのが最初であるとされている。その直後から全国の国公私立大学に学生相談所ないしは学生相談室と呼ばれる，カウンセリング機能を有する機関が開設されるようになり，その後の大学教育において重要な役割を果たすようになっていった。平木典子は学生相談の役割は大きくいって3つあるとしている。

　それは，①相談活動　②連携活動　③心理治療的行動の3つである。①は学生がかかえる学業上の悩みや生活上の問題，進路等に関して幅広い情報を提供したり，助言を与えることである。②は学部等の学内機関，担当教員，親や保護者さらには学外の諸機関とも連携を保ちながら，学生の問題解決の方向を探ったり，必要な処置を講じることである。③は悩みや問題の背後に心理的な問題や，病理的な問題が存在していると判断された場合にはカウンセリングもしくは心理療法的にアプローチすることで改善を図ったり，場合によっては②で講じられるところの学内外の医療機関との連携により医学治療的な行動も取ることである。この3つがうまく機能することにより，学生の学業促進を側面から支えるとともに人格教育にも寄与するというように考え，それを「助育活動」と呼んだ。

　しかし，最初はこうした役割を担うカウンセラーとして専門家をあてるという発想には必ずしもならず，多くの大学では学生担当の事務職員や一般の教員がカウンセリングの講習などを受け，話の聴き方などを身につけて相談に対応するという形を取るところが多かった。③に指摘するような心理的な問題であるとか，精神病理的な問題の大切さはあまり重視されず，必要ならば学内の心理学担当の教員が対応すればよい，といった程度にしか考えられなかったようである。そのため，カウンセリングという仕事には高度な専門的知識と技術が求められているという認識はなかなか育っていかなかった。この点は小学校・中学校などでのカウンセリングのとらえ方とも共通するものであり，結果的にはわが国におけるカウンセリングの発展を遅らせることになったと筆者は考えている。しかし，大学生が急増するとともに，大学生のなかに精神的な歪みを

かかえる者が目立つようになり，自殺する学生も多くみられるようになったことなどから，国立大学に保健管理センターがつくられ，学生の身体的な健康管理と一緒に精神的な健康への対応が図られるようになったあたりから，カウンセリングの専門家を置くという考え方がようやく起こってきた。しかし，私立大学の多くは今なお学生相談室においてあらゆる相談を受け付けるなかで，心理面や精神治療面での対応を図っているところが少なくない。臨床心理士などの専門家を配置する大学も増えてはいるが，専従のカウンセラーを置く私立大学はまだ少ない。なお，保健管理という発想のもとにカウンセリング機能を一本化することについては賛否両論がある。その理由は病的対象者のみにかかわることになってしまい，カウンセリングのもつ教育的な面が抜けてしまうことになるという危惧がもたらされているからである。

　たしかに，こうした大学や短期大学における学生相談活動において展開されるカウンセリングは教育活動の1つであって，医療機関におけるカウンセリング活動ではない。いわゆる「教育的相談活動」として分類されるものである。大学におけるこうした相談活動は，その後設置されるようになった義務教育等における「教育相談」の活動にもかなり影響を与えていることは事実である。しかし，大学などの「学生相談」が個別の学校ごとに開設されているのと違い，義務教育段階における「教育相談」は，教育委員会もしくは教育事務所を単位として開設されている。もともと大学というところが個別性を大事にする教育機関であることから，学生相談も大学ごとの特徴を生かすという形にならざるをえなかったのに比べると，義務教育の場合はこれまで全国一律の教育課題と基準によって運営されており，学校別の対応が必要であるという考え方にはならなかったと考えられる。それに，「教育相談」が対象とする子どもたちは，なんらかの問題をかかえている子どもという認識が強く，すべての子どもを対象とする教育相談活動という視点にはなっていなかったと思われる。つまり教育相談所の役割は問題のある子どもたちに，治療的にかかわる所という色彩が当初からむしろ強かったと考えられる。

　「教育相談所」もしくは「教育相談センター」と呼ばれる機関の役割として

は「発達相談」「就学相談」「不適応相談」などが柱とされている。教育と心理のそれぞれの専門家（教育の専門家は教師歴の長い人から登用）が相談員として配置されており，精神科や小児科の医師などの援助を受けながら，「見立て」とそれにもとづく対応を行なっている。その後，学校のなかで生徒指導ないしは生活指導にあたる職務につく教員に，「教育相談係」といった呼称が与えられるようになり，今度は，学校のなかでの生徒相談＝カウンセリングとみる考え方や，教師によるカウンセリングを重視する考え方が広まっていった。こうした，もともとカウンセリングの専門家ではない教員たちに対して，各都道府県の教育委員会ごとにカウンセリングの研修が行なわれるようになり，初級・中級といったランク付けをするところも出てきた。いわゆる「教師カウンセラー」が誕生するようになったのである。

(2) 学校カウンセリングの課題と役割

　生徒指導ないしは生活指導というものが「教育相談」の領域に属するものとして注目され，教育相談に携わる教師にカウンセリングの技術が求められるようになったことで，プラスとされる面とマイナス面とが生まれたと考えられる。プラスの面でいうならば，それまでの生徒指導や生活指導の多くが，学校の基準枠に従わない生徒を叱ったり罰したりすることで，強引に規則に従わせるという色彩が強かったのに対し，カウンセリング的な視点をもち込むことにより，生徒自身に受け入れられる指導が工夫されるようになったことである。実際，教育相談係の教師が努力を重ねたことによって，それまでとは違った成果をあげる学校も増えていった。しかしその一方で，看板だけは「相談室」であるとか「カウンセリング・ルーム」と掲げはしたものの，そこで行なわれている中身は従来とほとんど変わらず，相談室に呼び出されることはお説教をされることであると生徒たちからは受けとめられ，相談室＝お仕置き部屋との陰口も聞かれるようになった学校もある。さらに困ったことには，そうしたことがカウンセリングに対する誤解をも生徒に与えることになり，本当にカウンセリングが必要な生徒たちに警戒心を抱かせる結果になってしまった例も少なくない。ところで，学校内におけるカウンセリングへの関心は生徒指導の面だけ

ではなく，学級経営や教科指導の面でも高まっていった。そして，カウンセリング的な対応こそ教育であり，教師は皆カウンセラーであるべきだとの意見も生まれた。どうもこのあたりから学校カウンセリングに対する新たな誤解が生じたようにも思える。たしかに，カウンセリングの原則の第一は，相手の立場に立って考えることや，一方的な押しつけはしないということにある。その考え方に立った教科指導が行なわれるのであれば，きわめてカウンセリング的に生徒と向き合っているということになる。しかし，だからといってそれは教師がカウンセリングをしているということではないはずである。そのような生徒への対応というのは何もカウンセリングという言葉を出す必要もなく，もともと教育の大原則でもあったのではないだろうか。生徒の能力や習熟度，資質や適性などを常に配慮しながら教育活動というのは展開されるべきものであったはずである。何か特別なことをやり，それはその教師がカウンセラー的に動いているからであるという考え方はどうもおかしい。対応の過程において生徒の言い分をよく聴き，わかりやすい言葉で教え育むということにしても，教師であればあたりまえのことである。それができている教師はカウンセラーであるということにはならないはずである。教師はカウンセラーである前にまず，教師であることの自覚と教育技術をしっかりと磨くことが大切なのではないだろうか。

　カウンセリングの主たる目的や課題は，クライエントの内的世界の変容もしくは再構築を図り，自己の生き方に対する信頼を確立することである。相手の話をしっかりと聴くことや，相手の耳に届く言葉を使うというのは，カウンセリング技術のほんの一面でしかない。学校社会のなかで行き詰まったり不適応を起こしている生徒に対して，もしもそれが学業についていけないという理由から発生していることであるならば，教師がもう一度教育の原則に立って，まずしっかりと向き合うべきであって，その生徒に対してカウンセリングをするなどということはそこでは要求されていないはずである。しかし，もし不適応の理由が，集団のなかで自分の存在が脅かされているという不安をかかえていることから発生しているとするならば，その怯えの対象を見極め，さらにその

怯えがその生徒の内的枠組みのもち方からもたらされていると考えられるならば、その内的枠組みを変えることで不安から解放することをしなければならない。それはカウンセリングと呼ぶべきものである。そのあたりの違いが理解されていないと、学校のなかのことは教師が一番わかっているのだから、教師がカウンセリングをするべきであって、外からのこのこ入りこむカウンセラーなど役に立たないといった、一見もっともらしい理屈がまかりとおることになっていく。

　ところで、学校カウンセリングを行なうにあたっては、個別の生徒への対応だけではなく、保護者との対応が少なからず必要となる。そうした場合、子どもへの対応の仕方についての助言が求められることも少なくない。カウンセリングというよりも、専門的な知識や経験にもとづく意見が期待されているわけで、コンサルテーションという機能である。しかし、コンサルテーションを行なう場合にも保護者の不安というものに十分配慮したり、相手に辛い思いをさせたり、一方的に責めたりしないということを心がけなければいけない。要は、相手の状態を考えながら助言するということである。

## 4. カウンセラーの視点

### (1) カウンセリングと見立て

　ここでもう一度、カウンセリングをするには「見立て」をしっかりとしなければならないということにふれてみたい。医療の世界における診立ては「診断」を意味している。身体のどこかに「できもの」が生じ、その治療に訪れた患者に対して、医者はそれが良性のものであるのか悪性のものであるかの判断をしなくてはならない。さらに、悪性であるとすれば、それが初期なのかそれとも進行途上にあるのか、あるいは末期の状態にあるのかを推定しなければならない。それによって処置や治療の方針が定まる。そうしたことのできる医者に対して、われわれは安心して自らの生命と治療を託すことができるといえるのではないだろうか。心理面でのカウンセリングにおいては、そうした診断はできない。しかし、医学的な病理性が強いと疑われるケースについては、医

師の手に委ねることが必要であるくらいの判断ができないようでは、カウンセリングというものはかなり危なっかしいものであるといわざるをえなくなる。さらに、このクライエントに対しては、カウンセリングによる対応が可能であるのかどうかという判断もつけなければならない。可能であるとしても、どのようなアプローチが適切かということも考えていく必要がある。受容し共感を繰り返していけば、クライエント自身が問題に気づき自己変革をしていくことが期待できるのか、それともなんらかの行動の枠組みを示すことにより、現実的な対応を学習させることが必要なのか、あるいは過去の体験のなかに封印されているものを明るみに出すことが鍵となるのか、言葉を通してのやり取りよりむしろ描画や工作、さまざまな遊びを媒介として内面の投影を図ることの方が役立つと思えるのか、そうしたことを判断していくのもカウンセラーの重要な役目である。その判断の基準となるものの一つは「自我水準」と呼ばれるものである。医師が「病態水準」と呼ぶ基準にもとづいて治療方針を決めるのに対し、カウンセラーは「自我水準」にもとづいてカウンセリングの方針を決めるといってもさしつかえない。そうした基準をもって判断することができないとすると、カウンセリングを行なうことは難しいというより危険であるといわざるをえない。自我水準というものをどのように見極めていくかというのは、なかなか難しいことである。ある程度経験がないと、それを見極めることはできないことは確かである。前田重治の作成した、自我水準に関する表と、それにもとづくアプローチの仕方についてまとめたものが参考になると思われるので次に紹介をしておく（『カウンセリング入門』前田重治編　有斐閣）。

(2) 開発モデルと修理モデルという考え方

さてここまで述べてくると、すでにカウンセリングの勉強をしている人たちからは、筆者のいっていることは治療的なカウンセリングのことをさしており、「修理モデル」を想定した心理療法のことをさしているのではないか。学校カウンセリングは基本的に「開発モデル」を志向する教育的なカウンセリングであって、そもそも「見立て」云々は必要ないと指摘されることだろう。確かに、病院カウンセリング＝修理もしくは治療モデル＝心理療法の世界、学校

**表2-1 自我の健康度** (前田 1986)

|  |  |
|---|---|
| 現 実 吟 味<br>(現 実 検 討) | 現実を客観的に，あるがままに直視できる。自分の空想（想像・期待）の世界と，現実とを区別して認識できる。<br>自分の行動を予測し，その結果を正しく判断できる。 |
| 欲動・情動の統制と調整 | 不満・不安に耐え得る強さがある（フラストレーション忍耐度）。 |
| 思 考 過 程 | 自分の内面を概念化し，言語化できる。 |
| 適切な自我防衛 | 不満・不安を現実に即して，効果的に処理できる。――とくに昇華できる能力。 |
| 自 我 の 自 律 性 | 本能衝動，幼児期超自我，外界（環境）を主体的，自律的に自由に調整できる。<br>幼児的葛藤（分離不安，過度の自尊心，エディプス葛藤など）を克服している。<br>環境を支配できる強さをもっている。 |
| 自我の適切な退行 | 自由に随意に退行できる心の柔軟性（弾力性）。<br>創造的退行ができる。 |
| 対 人 関 係 | 相手に心を開き，自由に交流できる。<br>基本的な信頼感や安心感（健康な甘え）がある。 |
| 同 一 性<br>統 合 性<br>安 定 性 | 社会的に肯定（是認）された役割への自覚と責任感をもっている。<br>分裂することなく，一貫性を保ち，バランスよく安定した心。 |

　カウンセリング＝開発もしくは教育モデル＝カウンセリング，という分け方があるのは事実である。しかし，先にも述べた通りカウンセリングと心理療法とは密接な関係にある行為であって，そんなに明確に区別される行為であるとは筆者は思っていない。現実的に考えるならば，教育の場におけるカウンセリングには治療的なかかわりは必要でないというのでは，今日の学校社会における子どもたちの問題状況にはほとんど役立たなくなってしまう。そもそも今日，学校にカウンセラーを置こうという考えが浮上したのはなぜなのかということを考えてみるならば，治療的なかかわりもまた必要であるとの認識が高まったからである。「教育相談所」のような広域対象の専門機関（先に述べたようにそ

こではかなり治療的なかかわりが必要な場となっている）では，もはや対処しきれないほどの数の問題をかかえた生徒が出現しており，学校ごとにも対応していかなければならない状況が生まれている。まず，そうした問題をかかえる生徒に対しては心理面での不安や不満などを取り除いたり，症状化している病理行動を取り除くなどしてからでなければ，その子の発達課題を再構築したり，葛藤を処理する力を蓄えさせるといった教育的なカウンセリングを行なうことができないという現実をみなくてはならない。もちろん，歪みをもたらさないですむように，教育的もしくは開発的なカウンセリング活動というものが，幼稚園・小学校・中学校と展開されることが大切なのは間違いない。しかし，今日の学校社会における危機状況というのは必ずしも学校における対応のまずさだけからもたらされているものではない。家庭状況や地域社会状況，価値意識の多様化，人間関係の希薄化など子どもたちが育っていく過程に多く問題が存在しており，その複合汚染としてさまざまな歪みがもたらされているといわざるをえない。その結果生じている子どもたちの心の歪みに少しでも寄与することが，スクール・カウンセラーに求められているとするならば，学校カウンセリングのあり方はこうである，などといってはいられないのではないだろうか。教育にも治療にも対応できる力を発揮できるカウンセラーこそ今求められている。臨床活動とはそういうものである。決められた枠組みのなかで動くというのは，臨床活動とはいえない。この本の副題には「教育臨床」という言葉が載せられている。最近では心理臨床，福祉臨床，そして教育臨床といった具合に臨床をつけて使うことが多くなっている。臨床というのは現場に即して心理的なアプローチをしたり，福祉的なアプローチをしたり，教育的なアプローチをするということを意味している。単なる流行り言葉であってはならない。だとすれば，教育臨床とはまさに教育の現場に即した対応が図られてこそ，その役割を果たすことができるといえよう。この本により，教育臨床の何たるかを学ぼうとする人たちは，そこのところをしっかりと考えてもらいたいと思う。教師という立場を志すのであれ，心理カウンセラーを志すのであれ，あるいは社会教育・生涯教育の現場を志すのであれ，カウンセリングという行為のなかに

は教育的な機能と，治療的な機能の両面が内在しており，対象をどう見極めるか，つまり見立てるかによってどちらかの機能が前面に出てくるのだという認識を是非もってもらいたいと思う。それはきわめて専門的な知識と技術を必要とする行為である。そのことをしっかりと認識するならば，たとえ自分自身がカウンセラーとして動かないとしても，必要に応じてカウンセラーとの連携を積極的に進める教師であったり，対人援助者であってほしいと願っている。

**参考文献**
村山正治　1998　新しいスクール・カウンセラー　ナカニシヤ出版
友久久雄　1999　学校カウンセリング入門　ミネルヴァ書房
村山正治・山本和郎　1995　スクール・カウンセラー　ミネルヴァ書房
河合隼雄・大塚義孝・村山正治（監修）　1998　臨床心理士のスクール・カウンセリング
　　①その沿革とコーディネーター　誠信書房
細木照敏・平木典子（編）　1984　学生相談室　同文書院
日本学生相談学会（編）　1981　大学教育とカウンセリング　芸林書房
前田重治　1986　カウンセリング入門　有斐閣
柘植道子　1997　アメリカにおけるスクール・カウンセラーとスクールサイコロジスト
　　臨床心理士報　8

# III 不登校の理解と対応

　不登校の子どもの数は年々増えつづけている。本章では不登校に対する認識の変化や不登校の現状，分類と経過，その対応などについて概観する。

## 1. 概念の変遷

　"子どもが学校に行けない・行かない"状態に対する認識が変化するにつれて，今までいくつかの用語が用いられてきた。その主なものとしては，怠学，学校恐怖症，登校拒否，不登校などがあげられる。

　初期においては，理由もなく学校を欠席する生徒はすべて「怠学 (truancy)」と考えられていた。しかし，アメリカのブロードウィン (Broadwin, I. T., 1932) は，「怠学」として問題扱いされている子どものなかに，心理的な問題で学校に行けない子どももいることを指摘した。その後，アメリカの児童精神科医であるジョンソンら (Johnson, A. M. et al., 1941) が，「学校恐怖症 (school phobia)」と名づけ，「怠学」と区別した。学校にいること（家を離れること）に強い不安を抱き，長期にわたって学校を欠席する子どもたちを一種の情緒障害の状態と考えたのである。学校に行けない子どもたちを恐怖症という神経症の一種とみなすことへの疑問や，学校恐怖症の本質にあるものは親や家から離れることを恐れる分離不安であり，学校そのものを恐怖の対象としているのではないという指摘がされるようになり，「登校拒否 (school refusal)」という言葉が用いられるようになった。しかし，「学校に行きたい気持ちをもっているにもかかわらず，学校に行けない」子どもに対しても，「拒否」という言葉を用いることに対する疑問が投げかけられるようになった。近年では，単に学校に行っていないという状態像をさす言葉として，「不登校 (nonattendance at school)」という用語が使われるようになってきた。登校できないことについて

の背景や要因は事例によって異なるため，まず，登校していないという状態像としてとらえ，特徴に応じて事例を分類し，それぞれに適した方策を検討していこうとする考え方が一般的になってきている。

## 2. 文部省による定義

文部省では1988（平成元）年7月に学校不適応対策調査研究協力者会議を発足させ，登校拒否問題に関する基本的な対策について総合的・専門的な観点から検討を行なっている。その結果を1992（平成4）年3月に会議報告『登校拒否（不登校）問題について―児童生徒の「心の居場所」づくりを目指して―』としてまとめている。この報告書では，「不登校」の用語も用いられつつある状況とその意義を考慮しつつも，現状ではなお「登校拒否」という用語を踏襲することが妥当であると考え，当面は「登校拒否（不登校）」と呼ぶこととしている。「登校拒否とは，何らかの心理的，情緒的，身体的，あるいは社会的要因・背景により，児童生徒が登校しないあるいはしたくともできない状況にあること（ただし，病気や経済的な理由によるものを除く）をいう」と定義されている。

ただ，文部省でも平成10年度に実施した学校基本調査では，欠席の理由区分のうち，それまで用いてきた「学校ぎらい」という名称を「不登校」に変更している。それだけ不登校という言葉が一般に認知されるようになってきたということであろう。

## 3. 不登校の現状

日本で"子どもが学校に行けない・行かない"という現象が注目されはじめたのは，1960（昭和35）年前後からであり，不登校に関する学術的な論文も発表されるようになった。この頃は高度経済成長の幕開けであり，それにともなう都市化現象，核家族化が急速に進んでいった時期である。学校に行けないことに対して，はじめは欧米と同じく"怠け休み"という認識であったが，心理的な特徴に目を向けてみると，アメリカの論文にある school phobia といわれ

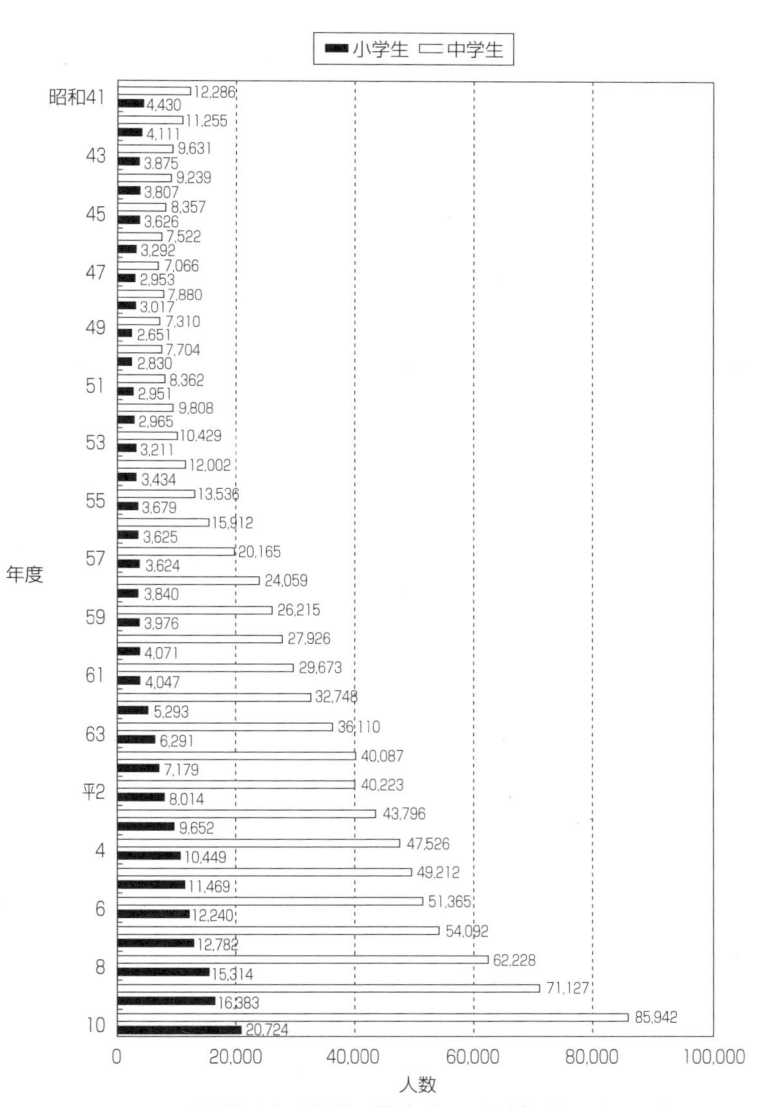

図3-1 不登校児童・生徒数の推移（50日以上）（文部省 1999）

III 不登校の理解と対応

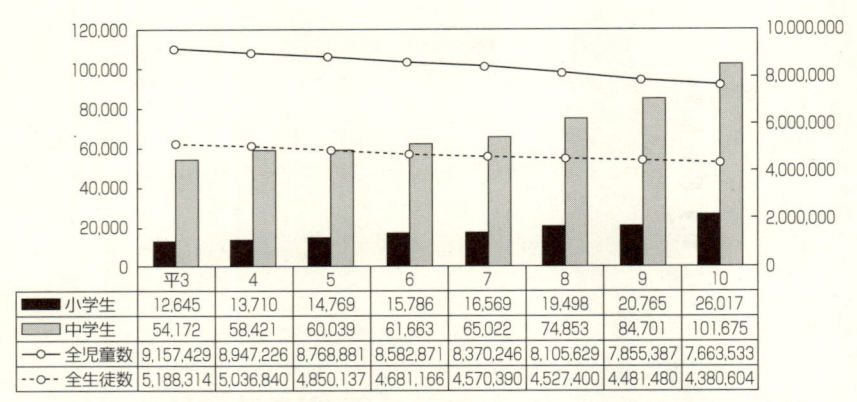

| | 平3 | 4 | 5 | 6 | 7 | 8 | 9 | 10 |
|---|---|---|---|---|---|---|---|---|
| 小学生 | 12,645 | 13,710 | 14,769 | 15,786 | 16,569 | 19,498 | 20,765 | 26,017 |
| 中学生 | 54,172 | 58,421 | 60,039 | 61,663 | 65,022 | 74,853 | 84,701 | 101,675 |
| 全児童数 | 9,157,429 | 8,947,226 | 8,768,881 | 8,582,871 | 8,370,246 | 8,105,629 | 7,855,387 | 7,663,533 |
| 全生徒数 | 5,188,314 | 5,036,840 | 4,850,137 | 4,681,166 | 4,570,390 | 4,527,400 | 4,481,480 | 4,380,604 |

**図3-2 不登校児童・生徒数の推移（30日以上）**〔（文部省，1999）をもとに作成〕

ているものに一致するとして学校恐怖症と呼ぶようになった（佐藤，1959：鷲見ら，1960）。

文部省では学校基本調査において，「学校ぎらい」を理由に50日以上欠席した児童生徒の数を1966（昭和41）年度から調査している（図3-1参照）。調査を開始した頃はわずかながら減少し，1974（昭和49）年度には最小値を示したが，翌年度からは再び増加し始め，以後上昇しつづけている。

50日以上欠席した児童・生徒は，平成元年度は小学生7179名，中学生4万87名であったものが，平成10年度には小学生2万724名，中学生8万5942名となっており，約2.26倍に増加している。

さらに，1991（平成3）年度からは30日以上欠席した児童・生徒の数も調査している（図3-2参照）。1996（平成8）年度から急激に増加しはじめ，1998（平成10）年度では，中学生ではじめて10万人を突破している。不登校児童・生徒数の全体に占める割合は，1993（平成5）年度は小学校で594人に1人，中学校で81人に1人の割合であったものが，1998（平成10）年度には小学校は295人に1人，中学校では43人に1人となり，5年間で約2倍に達している。しかも，児童・生徒の総数は年々減少しており，このことからも不登校は急増しているといえる。

文部省は不登校について,「特定の子どもに特有の問題があることによって起こる」としていたが,1992年に「どの子どもにも起こりうるものである」として,見解を転換している。それほど不登校が社会的な問題としてひろく認識されてきたということであろう。

## 4. 不登校の分類

　不登校を理解するために,医学や教育,心理学の分野でこれまでさまざまな観点からの分類が行なわれている。多くの事例のなかから共通にみられる特徴を抽出・整理することによって,それぞれのタイプに適した対応を検討していく際の有効な手がかりとするためである。また,不登校状態に陥らないための予防的な対応をすることも可能になる。

### (1) 文部省の分類

　文部省は,不登校の態様にもとづいて7つのタイプに分類している。各区分の最後にあげた数字は,平成10年度調査(文部省,1999)でのそれぞれに占める割合である(小は小学校を,中は中学校を表す)。

　①学校生活に起因する型:いやがらせをする生徒の存在や教師との人間関係等,明らかにそれと理解できる学校生活上の原因から登校せず,その原因を除去することが指導の中心となると考えられる型(小:5.9％　中:8.2％)。②遊び・非行型:遊ぶためや非行グループに入ったりして登校しない型(小:0.9％　中:13.4％)。③無気力型:無気力でなんとなく登校しない型。登校しないことへの罪悪感がなく,迎えに行ったり強く催促すると登校するが長つづきしない(小:19.9％　中:21.9％)。④不安など情緒的混乱の型:登校の意志はあるが身体の不調を訴えて登校できない,漠然とした不安をかかえて登校しない等,不安を中心とした情緒的な混乱によって登校しない型(小:33.3％　中:24.8％)。⑤意図的な拒否の型:学校に行く意義を認めず,自分の好きな方向を選んで登校しない型(小:4.1％　中:5.4％)。⑥複合型:上記の型が複合していずれが主であるかを決めがたい型(小:26.4％　中:21.7％)。⑦その他:いずれの型にも該当しないと判断される場合(小:9.6％　中:4.6％)。

```
(1) 身体的理由―病気・障害など
(2) 経済的理由
(3) 家庭的理由―家庭崩壊・親の放任・無責任
                    神経症的登校拒否（ゴシック体：狭義の登校拒否）
                      ・分離不安
                      ・Aタイプ（優等生の息切れ型）
                      ・Bタイプ（甘やかされ型）
(4) 心理的理由      精神障害によるもの（Cタイプ）
 (広義の登校拒否)   怠学傾向
                      ・無気力傾向
                      ・非行傾向
                    発達遅滞を伴うもの
                    積極的・意図的登校拒否
                    一過性のもの
※ (1)～(4)を含めて長期欠席と定義している
```
**長期欠席の分類**〔(小泉 1980)をもとに作成〕

## (2) 小泉による分類

小泉（1973，1980）は，長期欠席に関するものすべてについて分類を行なっており，不登校（登校拒否）の位置づけを明確にしている。

不登校をもっとも狭い意味でとらえた場合には，神経症的登校拒否をさす。ここでは神経症的登校拒否のタイプについて取り上げる。

① 分離不安：幼児期から小学校低学年で多くみられるタイプ。母親から過保護な養育態度を受けてきた子どもは，親から離れて自分の判断で動くという体験が少ない。そのため，集団とかかわることに対して不安や緊張が強くなりがちであり，不登校になることがある。子どもが母親から離れることに不安を抱くだけでなく，母親自身も子どもから離れることについて不安を感じやすく，「音叉の共鳴現象」のような状態が起こる。それとは逆に，母親の拒否的で冷たい態度に対して，子どもが母親の関心や愛情をつなぎとめようとして不登校になる場合もある。

② Aタイプ：優等生の息切れ型と呼ばれるタイプである。思春期に至って急性にはじまる。性格的にはまじめ，几帳面，要求水準が高い。自分の欲求や自発性を抑え，親の期待を取り入れ，よくしつけられた「良い子」として育

つ。しかし，思春期になり自我の成長とともに親への反発や独立を求める心が生じるものの，自我の力が弱く，完全に反抗，独立することもできず挫折してしまう。その結果，閉じこもることにより反抗と依存を両立させる。

③　Bタイプ：甘やかされ型とも呼ばれる。情緒的に未成熟で耐性（我慢する力）や協調性に乏しく，わがままで自己中心的なところがある。面倒をみてもらうことに慣れてしまったため，困難な事態を自分で解決することができない。学校の生活が厳しいものと感じられ，ちょっとしたつまずきに耐えられない。困難や失敗を避けて安全な家庭内に逃避する。小学校時代から断続的に登校拒否を繰り返し，慢性化しやすい傾向がある。

(3)　**発症の経過による分類**

平井（1978）は不登校が発生するまでの経過をもとに，慢性型，急性型，両者が並存した混合型に分類している。

①慢性型は思春期になって登校拒否が決定的になるまでに，何回か幼稚園や学校に行きたくないという状態を示していることが多い。溺愛と過保護を受け，自主性の発達が遅れているうえに，自己中心的な傾向がみられる。

②急性型は思春期以後になって初めてその状態を現すが，それ以前にはまったく問題がなく，素直でよい子と評価されていた者がなんらかのきっかけによって急速に登校拒否の状態になるタイプ。大人にとっての"よい子"の枠組みのなかに子どもがはめ込まれ，自主性の発達を妨げられてしまった。

③混合型とは，慢性型と急性型の両方の側面がみられるタイプ。親から支配や干渉を多く受けながら，一方では過保護や溺愛を受けている場合をさす。

さらに，学校生活に対して積極的な興味をもたず，学習意欲がない子どもが，なんらかのきっかけがあれば不登校を起こす可能性のあるタイプを潜在型としている。

(4)　**子ども側の要因による分類**

齊藤（1987）は，学校や仲間集団への適応に挫折する子ども側の要因をもとに4つに分類している。①過剰適応型登校拒否：仲間集団や学校状況に過剰に適応しようと背伸びをし，そのような姿勢が挫折したときに登校拒否が発現す

る。②受動型登校拒否：前思春期に入り，急激に体が大きくなり荒々しくなってきた仲間集団や，それに対応して厳しい指導や生活管理が行なわれるようになっていく学校の雰囲気に圧倒され，登校拒否に陥る。このタイプの子どもは，幼い頃から受身的・消極的な姿勢がつづいているものが多く，そのため自己評価は低く自信に乏しい。③衝動統制未熟型登校拒否：衝動をコントロールして行動することが苦手なために，登校拒否に陥る。未成熟で自己中心的な振る舞いや加減を知らない攻撃性が仲間集団との摩擦を生じさせやすい。④境界例型登校拒否：多彩な神経症症状と深刻な問題行動がともにみられるものが多く，著しく不安定な対人関係が特徴である。

### (5) DSM-Ⅳによる分類

　DSM-Ⅳとは，アメリカ精神医学協会が1994年に刊行した疾病分類および診断基準のマニュアルであり，*Diagnostic and Statistical Manual of Mental Disorders*, 4$^{th}$ edition（精神障害の診断と統計のためのマニュアル第4版）の略である。この手引きでは，いわゆる不登校（登校拒否）という項目はみあたらない。不登校という用語は，学校に行っていないという状態を表しているものであって，診断名ではないためである。齊藤（1999）によれば，DSM-Ⅳを用いて不登校の子どもを診断すると，小児の過剰不安障害，社会恐怖，分離不安障害，各種の適応障害，気分変調症，転換性障害，反抗挑戦性障害，選択性緘黙など複数の診断名がつけられるとしている。不登校の特徴は十分に表現できるかもしれないが，診断名をもって不登校の下位分類とするにはあまりにも複雑すぎるのではないかと指摘している。

　町沢（1999）も現象学的観点に立ってDSM-Ⅳにもとづいた診断分類を行なっているが，不登校を診断名とはせず，診断基準はDSM-Ⅳに従って診断し，そこに「不登校」と付記するとしている。

　以上，いくつかの分類をみてきたが，個々の事例を理解するために，類型化されたモデルを参考にする場合は，ケースによってそれぞれ子どもの個性や発達段階，周囲の環境などが異なるため，見極めには慎重な姿勢が必要である。安易な分類は，かえって事例の理解を妨げてしまう可能性がある。

## 5. 不登校の原因論

不登校の原因については、さまざまな角度から論じられている。大別すると社会的要因、学校要因、子ども本人の要因、家庭要因の4つにまとめられるが、単一の要因で起こるのではなく、相互に要因がからみあって発現すると考えられる。不登校状態に陥った背景に目を向けることは、対応策を検討していくうえで必要なことである。しかし、それがいわゆる"悪者さがし"になってしまっては根本的な解決につながらない。とかく原因を探すことに注意が向いてしまうと、本人がどんな状況にいるのかをみつめることが疎かになってしまう危険性がある。また、原因が特定の過去のことと関連していると考えられる場合でも、過ぎ去った事柄（事実）を変えることはできない。したがって、"いま、そしてこれから何ができるのか"という点に目を向けていくことが大切である。「学校が悪い」、「家庭が悪い」、「本人の性格が問題」といった見方よりも、"家庭でさまざまな背景をもった子どもたちが、学校という場所でも生活している"という認識のもとに、生徒一人ひとりの人格の成長をどのように支えていくかという視点が求められる。

## 6. 回復までの経過

不登校の経過はタイプによって異なるが、狭義の不登校に分類される、いわゆる神経症的登校拒否タイプでは、ほぼ一定の経過をたどることが指摘されている。

高木らによる初期の研究では（1965）、心気症的時期、攻撃的時期、自閉的時期の3段階をあげてその経過を説明している。

平井（1978）は、不登校を起こしてから回復期を経て自発的に登校するまでのおおよその経過を6期に分類している。①初期の状態、②暴力の時期（身体攻撃、器物破損、いやがらせ）③怠惰な時期、④閉じこもる時期、⑤回復期（前半・後半）⑥登校を開始する時期をあげている。

稲村（1988）も同じように、神経症的タイプの登校拒否経過を、①心気症

期，②不穏期，③無為期，④意欲回復期，⑤学校再開期，⑥不完全適応期，⑦学校（社会）適応期の7期に分類している。

## 7. 不登校の対応—狭義の不登校について—

狭義の不登校（神経症的登校拒否）においては，本人がつらい思いをしているのはもちろんであるが，家族にとってもつらく，出口のみえないトンネルを歩いているかのように感じられる。回復のプロセスを参考にすることによって，子どもがいまどの時点にいるのかを把握することができる。さらに，それぞれの段階が本人にとってどのような意味をもつのかを家族や教師が理解することで，援助する側にも心の準備ができ，本人の状態に応じた接し方ができるようになる（平井，1978；鍋田，1999）。

神経症的登校拒否の対応の方向性については，それぞれ次のことがポイントになる。まず，分離不安型の不登校では，不登校を解決することよりも分離不安を解消することが大切である。親の不安な気持ちが子どもに不安を抱かせる要因となるので，親の安定化を図り，子どもに対してはゆったりと安心してすごせる環境をつくることを心がける。

小泉（1973）による分類の優等生の息切れタイプや平井（1978）の急性型に分類されるタイプでは，自主性・自発性を育てていくことがポイントになる。このタイプは自分の欲求を抑え，周囲から与えられるもの（たとえば期待）を取り込んで応えてきた。しかし，思春期に入り自発的な行動が求められるようになると，自分で判断し行動するという力が育っていないため混乱する。したがって，親が先取りしたり干渉したりせず，本人の気持ちやペースを尊重したかかわりが求められる。

一方，甘やかされ型や慢性型の不登校に対しては，子ども自身が欲求をコントロールする力を身につけることを中心としたかかわりがポイントになる。自己中心的で耐性（我慢する力）が低く，依存的な傾向にあるため，教育的な指導も含めて行動の修正を図っていくことが必要である。

以上のことから，不登校問題が解決するということは，単に"子どもが再登

校できるようになる"ということだけではないといえる。大切なことは，不登校という経験をもとに本人が成長し，自らを拠り所として歩いていけるような力を身につけることではないだろうか。

## 8. 教師の対応

　狭義の不登校において子どもが回復していくには，自発性や耐性を育てていくようなかかわりが求められる。これらは一朝一夕に育つものではなく，ある程度の時間を必要とする。しかし，子どもに流れている成長するための時間と学校に流れている時間との間には時差のようなものが生じる。担任教師は自分が担当している年度内に解決を図ろうとするあまり，登校を促すなどして本人のもつ時間の流れを乱してしまう場合がある。

　自分の担当しているクラスから不登校の子どもが出ると，教師の心的負担は大きい。福田（1999）によれば，「喪失感，無力感，罪悪感，自責の念，怒り，などが湧き起こる」としている。そのため，過剰な努力による燃え尽き，教員集団からの孤立，放任，親や家庭の問題への置換などがおこる。担任ひとりでかかえ込まず，学年の教員，養護教諭，スクールカウンセラー，外部の医療機関や相談機関などと連携を図りながら，子どもの成長を次につないでいくという意識をもつことが大切である。その際，プライバシーの保護には十分な配慮を行なうことはいうまでもない。また，保護者も子育てについて自分を責めたり，孤立しがちとなるので，保護者をサポートする意味でも，定期的な連絡は必要である。たとえ子ども本人が電話に出られなくても，保護者と学校との関係をつなぐ役割を果たすことになる。

## 9. 自分づくりの場所

　不登校になった子どもたちが，自分の在籍している学校に復帰しようとするとき，または，新たな自分の方向性を模索し歩んでいこうとするときに，拠り所となる場所が必要である。単位制高校やサポート校など，学ぶかたちも多様化しているが，それらはさまざまな特徴をもっている。

ここでは，自分づくりの場所としてどのようなところがあるのか，主なものについてまとめてみた。
　①　適応指導教室：教育委員会が不登校児童生徒に対してカウンセリング，教科指導，集団生活への適応指導等を組織的，計画的に行ない，在籍する学校への復帰を支援するために設置したもの（文部省，1999）。教室は教育センターなどの施設や学校内の余裕教室に設けられ，平成10年度の設置数は804カ所である。
　②　フリースクール・フリースペース：不登校の子どもたちの居場所としてつくられた民間の施設である。さまざまな活動を通して対人関係能力や自発性を育て，基礎学力の援助などを行なっている。
　1992（平成4）年9月，文部省の通知により，不登校児童生徒が公的相談機関（適応指導教室もその1つ）や一定の条件を満たす民間施設（フリースクール・フリースペースなど）へ通所した場合は，一定の条件を満たせば指導要録上出席扱いとすることが認められるようになった。交通機関を利用して通う場合には，通学定期券も購入できる。
　③　大学入学資格検定試験（大検）：正式名称よりも略称の方が一般的に知られている。高等学校の卒業者と同等の学力があるかどうかを認定する，文部省がおこなう検定試験である。所定の科目を全科目合格すると，希望する国公立大・私立大・短大・専門学校・各種の国家試験を受験することができる。検定は年に1回行なわれ，毎年2万人弱が受験している。検定に合格できるよう指導しているところが大検予備校である。
　④　高等学校：全日制高等学校，定時制高校，単位制高校，通信制高校，技能連携校などがある。不登校を経験した子どもが**全日制高校**へ進学しようとしたとき制約を受ける場合があるが，最近では内申書に関係なく面接と作文などで選考する新しいタイプの高校もみられるようになってきた。**定時制高校**は夜間に学習の機会を提供し，4年間で卒業することを基本としているが，3年間で必要な単位を取得できる学校もある。従来の全日制高校は主に学年制をとっているが，**単位制高校**は学年の区別をしないのが特徴である（無学年制）。取

得した単位はすべて卒業に必要な単位に生かされるため，留年はない。現在は全国に300校近くある。**通信制高校**は，レポート（添削指導），スクーリング（面接指導），試験によって単位を修得することで高等学校卒業資格が得られる。レポートの作成や試験対策などは自習となるため，ひとりで学習を進めていくには困難な場合もある。そこで，通信制高校での単位を取得できるように学習面や生活面で支えてくれる塾があり，それを**サポート校**と呼んでいる。**技能連携校**は，専門技術教育と高校教育を1つにした形態である。専修学校と高等学校の両方に入学し，専修学校で学んだ科目が高校卒業に必要な単位数として換算される。技能資格をとりながら高等学校卒業の資格が得られる。

　不登校状態にある子どもはその回復過程のなかで，外の世界に出て行くことに対しての不安や人と直接かかわることへの怖さを感じて閉じこもる時期がある。しかし，その一方では孤独感を抱いている。このような不登校の子どもたちと外の世界とをつなぐ新たなコミュニケーション手段として注目されているのが，インターネットである。自分と同じ立場にいる人たちと電子メールを交換するなど，回線を通じて社会とのつながりをもつことは，孤立しがちな不登校の子どもたちにとって，新たな居場所づくりのきっかけになる可能性がある。なお，ホームページを作成している高校や民間施設も多くあり，進路を考えるうえで参考になる。

　近年，子どもたちの対人関係を結んでいく力が低下してきているといわれている。人とかかわること自体をストレスと感じる人もいる。これからの学校は，教科に関する学習だけでなく，対人関係を学ぶ場所としてますます重要になってくるのではないだろうか。

**参考文献**

American Psychiatric Association 1994 *Quick Reference to the Diagnostic Criteria from DSM-IV*. The American Psychiatric Association, Washington D.C. 高橋三郎・大野裕・染矢俊幸（訳）1995 DSM-IV 精神疾患の分類と診断の手引 医学書院

Broadwin, Isra T. 1932 A contribution to the study of truancy. *Am. J of*

*Orthopsychiatry*, 2：253-259
土居健郎（監修）　1996　学校メンタルヘルス実践事典　日本図書センター
平井信義　1978　登校拒否児　平井信義の児童相談2―学校ぎらいの理解と教育　新曜社
福田憲明　1999　学校不適応を理解する　宮本忠雄・山下　格・風祭　元（監修）　こころの科学，87，特別企画・学校不適応とひきこもり　32-36　日本評論社
稲垣　卓　1991　登校拒否児への援助　金剛出版
稲垣　卓　1994　不登校児とのつきあい方―学校教師のために―　日本評論社
稲村　博　1994　不登校の研究　新曜社
Johnson, Adelaide. M *et al.*　1941　School Phobia. *AM. J. of Orthopsychiatry*, 11 (4), 702-711
小泉英二（編）　1973　登校拒否　学事出版
小泉英二（編）　1980　続・登校拒否―治療の再検討―　学事出版
町沢静夫　1999　不登校の類型　河合隼雄（編）　不登校　25-45　金剛出版
宮本忠雄・山下　格・風祭　元（監修）　1993　こころの科学，51，13-91（山崎晃資（編）特別企画＝不登校）日本評論社
文部省　1997　登校拒否問題への取組について―小学校・中学校編―　生徒指導資料，第22集
文部省　1999　生徒指導上の諸問題の現状について　初等中等教育局
鍋田恭孝　1999　不登校児の援助　鍋田恭孝・福島哲夫（編）　心理療法のできることできないこと　91-106　日本評論社
大野精一　1997　学校教育相談―理論化の試み―　ほんの森出版
齊藤万比古　1999　不登校だった子どもたちのその後　宮本忠雄・山下　格・風祭　元（監修）　こころの科学87，特別企画・学校不適応とひきこもり　81-87　日本評論社
齊藤万比古　1987　登校拒否の下位分類と精神療法　臨床精神医学，16 (6)，809-814
斎藤　環　1998　社会的ひきこもり　終わらない思春期　PHP研究所
佐治守夫（監修）　1995　思春期の心理臨床―学校現場に学ぶ「居場所」つくり―　日本評論社
佐藤修策　1959　神経症的登校拒否行動の研究―ケース分析による―　岡山中央児童相談所紀要，4，1-15
佐藤修策　1996　登校拒否ノート―いま，むかし，そしてこれから―　北大路書房
下山晴彦（編）　1998　教育心理学Ⅱ　発達と臨床援助の心理学　東京大学出版会
霜山徳爾（監修）　1998　母と子・思春期・家族　金剛出版
菅　佐和子　1997　教師が取りくむ不登校―学校のなかでできること―　人文書院
氏原　寛・村山正治　1998　今なぜスクールカウンセラーなのか　ミネルヴァ書房
鷲見たえ子・玉井収介ほか　1960　学校恐怖症の研究　精神衛生研究，8，27-56

# IV いじめ

## ――子どもの心の深淵――

　「いじめ」はオランダ語では Pest といい，疫病としてのペストと同音異義語であるという。

　大学生の心理臨床を行なっていると，集団不適応や対人恐怖，自己不確実感を訴える者のなかに，小学校・中学校・高校時代のいじめられた経験が語られることは少なくない。それまで誰にも打ち明けられない深い心の傷として，癒されぬまま内面にかかえ込み，孤独に苦悩しつづけてきた学生たちである。また一方で，自らの思春期時代を振り返り，「からかい」や「無視（シカト）」といった当時は日常的で些細なことと意識さえしなかった行動が，どれほど人権を無視した恥ずべき行動であったかと，行為した自分あるいは傍観していた自分に罪悪感と後悔の念を静かに吐露する学生に出会うこともある。

　現代のいじめとは，被害者，加害者のみならずその場に居合わせた子どもの心に暗い影を落とし，その後の人格形成に長期にわたり影響を及ぼす深刻な問題である。

## 1. いじめとは

### (1) 鹿川君いじめ判決

　1986年2月，東京都中野区の当時中学2年生の鹿川裕史君が，「僕だってまだ死にたくない。だけどこのままじゃ『生きジゴク』になっちゃうよ」という悲痛な遺書を残して自殺した。鹿川君を死者に見立てた「葬式ごっこ」には，「鹿川君さようなら」と書いた色紙に，クラスの生徒のほとんどと担任を含む教師4名も追悼の言葉を書いて署名していた。鹿川君の机には色紙の他に，花や線香が供えられた。鹿川君は2年生の1学期から，いじめグループに加わっ

たが，当初からグループ内の使い走り役として使用される立場であった。2学期以降から使い走りがエスカレートしていき，脅しや暴力の標的になっていた。グループから抜けようとして袋叩きにあっている。クラス全体が軽佻な遊びやふざけの雰囲気のなか，鹿川君は身体的な苦痛のみならず屈辱感，孤独感といった心理的苦痛を募らせ，ついには自らの命を絶ったのである。加害者の氏名を遺書に記し陰湿で残忍ないじめを苦にしての自殺は明らかであった。しかし，その後に行なわれた東京地裁一審の判決は，「悪ふざけ，いたずら，偶発的なけんか，あるいは，仲間内での暗黙の了解事項に対する筋をとおすための行動またはそれに近いものとみる方がより適切」であり，「成長過程のエピソードにすぎない」といじめの事実を否定した。「いじめが自殺の主たる原因である」と控訴審判決が断定するまでに8年の歳月を要した。いじめか否かは，いじめられる側の主観的判断によるところが大きく，事実の受け止め方にはくい違いが生じうる。このくい違いにこそ，現代のいじめ問題の本質がある。

(2) **いじめの定義**

いじめの行為自体曖昧であり，客観的な概念で定義するのは困難である。これまで多くのいじめ研究が行なわれ，多様ないじめの定義がなされている。それらを比較参照することで，かたちのみえにくいいじめの輪郭をできるだけ共通の認識で括ることは重要と思われる。

公的には，文部省，警視庁がそれぞれ以下のようにいじめを定義している。

①文部省は，いじめを「1) 自分より弱いものに対して一方的に，2) 身体的・心理的な攻撃を加え，3) 相手が深刻な苦痛を感じているもの。なお，起こった場所は学校の内外を問わないこととする」。

②警視庁は，いじめとは「単独又は複数で，単独又は複数の特定の人に対し，身体に対する物理的な攻撃又は言動による脅し，いやがらせ，仲間はずれ，無視等の心理的圧迫を反復継続して加えることにより，苦痛を与えること」。

また，諸研究者は独自の観点からいじめを定義している。そのいくつかを述

べる。

③森田 (1994) は, 「いじめとは, 同一集団内の相互作用過程において優位にたつ一方が, 意識的に, あるいは集合的に, 他方に対して精神的・身体的苦痛を与えることである」として, 集団内の力関係の視点から述べられている。

④藤田 (1995) は, 「いじめとは, 仲間集団またはそれに近似した集団内のメンバーたちの相互作用過程において, 集団内の具体的状況において優位な立場にある一方が, 劣位者に対して意識的に, しかも集合的, 継続的に精神的・身体的苦痛を与えることによって, 快感を味わうこと」としている。集団内の力関係が主眼であるが, さらにそれに継続性や快楽性が加味されている。

⑤礫川 (1994) は, 「いじめとは, 共同体 (擬似共同体も含む) または社会集団において, 特定の成員または参入者が, 攻撃もしくは排斥されることをいう。いじめの本質は, 差別と制裁にあると考えられ, その原型は, 近代における村落共同体の村八分に見出すことができる。ただし, 近年問題となっている教室のいじめは, 差別や制裁といった性格を失い, 嗜虐的性格を強くもつ傾向にある」として, 民俗学的視点からいじめを考察している。

(3) いじめの実態

文部省は 1985 年から全国の公立小学校, 中学校, 高等学校におけるいじめの状況調査を行なっている。1994 年度より, 特殊教育諸学校も対象に含めている。

**いじめの発生件数**

表 4-1 は 1985 年度から 1997 年度までのいじめの発生件数である。表をみると, 1993 年度の 2 万 1598 件から 1994 年度の 5 万 6601 件へと, 急増している。これは, 1994 年度からいじめの定義の変更等, 調査方法を改められたこ

表4-1 いじめの発生件数 (文部省)

| 年度 | 1985 | 1986 | 1987 | 1988 | 1989 | 1990 | 1991 | 1992 | 1993 | 1994 | 1995 | 1996 | 1997 | 1998 |
|---|---|---|---|---|---|---|---|---|---|---|---|---|---|---|
| 小学校 | 96,457 | 26,309 | 15,727 | 12,122 | 11,350 | 9,035 | 7,718 | 7,300 | 6,390 | 25,295 | 26,614 | 21,733 | 16,294 | 12,858 |
| 中学校 | 52,891 | 23,690 | 15,796 | 15,452 | 15,215 | 13,121 | 11,922 | 13,632 | 12,817 | 26,828 | 29,069 | 25,862 | 23,234 | 20,801 |
| 高等学校 | 5,718 | 2,614 | 2,544 | 2,212 | 2,523 | 2,152 | 2,422 | 2,326 | 2,391 | 4,253 | 4,184 | 3,771 | 3,103 | 2,576 |
| 特殊教育諸学校 | | | | | | | | | | 225 | 229 | 178 | 159 | 161 |
| 計 | 155,066 | 52,610 | 35,067 | 29,786 | 29,088 | 24,308 | 22,062 | 23,258 | 21,598 | 56,826 | 60,325 | 51,722 | 42,790 | 36,396 |

とが影響していると思われる。したがって、それ以前との単純な比較を行なうことはできない。

**学年別・男女別のいじめの発生件数**

いじめの発生件数を学年別にみると、小学校から学年が進むにつれて多くなり、中学1年生でもっとも多くなる。その後は学年が進むにつれて減少している。

男女別の比較では、小学校では男女の差はあまりないが、中学校、高等学校と年齢が進むにつれて、男子の占める割合が高くなる。

**いじめの様態**

① いじめの内容：いじめの様態については、小学校では「冷やかし・からかい」、「仲間はずれ」、「言葉での脅し」の順に多く、中学校では「冷やかし・からかい」、「言葉での脅し」、「暴力」、「言葉での脅し」の順、高等学校では「暴力」、「言葉での脅し」、「冷やかし・からかい」という順になっている。特殊教育諸学校では「暴力」、「冷やかし・からかい」、「言葉での脅し」の順にな

表4-2 いじめの様態（文部省 1999）

| 区分 | 小学校 件数 | 構成比% | 中学校 件数 | 構成比% | 高等学校 件数 | 構成比% | 特殊教育諸学校 件数 | 構成比% | 計 件数 | 構成比% |
|---|---|---|---|---|---|---|---|---|---|---|
| 言葉での脅し | 3,489 | ③16.1 | 5,936 | ②18.5 | 1,033 | ②22.5 | 39 | ③17.3 | 10,497 | ②17.3 |
| 冷やかし・からかい | 5,965 | ①27.6 | 8,963 | ①27.9 | 954 | ③20.8 | 44 | ②19.5 | 15,926 | ①27.2 |
| 持ち物隠し | 1,857 | ⑤ 8.6 | 2,348 | ⑤ 7.3 | 205 | 4.5 | 21 | ⑤ 9.3 | 4,431 | ⑤ 7.6 |
| 仲間はずれ | 4,624 | ②21.4 | 4,573 | ④14.3 | 413 | ④9.00 | 27 | ④11.9 | 9,637 | ③16.5 |
| 集団による無視 | 1,224 | 5.7 | 2,194 | 6.8 | 194 | 4.2 | 12 | 5.3 | 3,624 | 6.2 |
| 暴力 | 2,997 | ④14.0 | 5,223 | ③16.3 | 1,066 | ①23.2 | 52 | ①23.0 | 9,338 | ④16.0 |
| たかり | 239 | 1.1 | 954 | 3.0 | 363 | ⑤ 7.9 | 12 | 5.3 | 1,568 | 2.7 |
| お節介・親切の押しつけ | 353 | 1.6 | 360 | 1.1 | 63 | 1.4 | 8 | 3.5 | 784 | 1.3 |
| その他 | 874 | 4.0 | 1,537 | 4.8 | 303 | 6.6 | 11 | 4.9 | 2,725 | 4.7 |
| 計 | 21,622 | 100 | 32,088 | 100 | 4,594 | 100 | 226 | 100 | 58,530 | 100 |

（注1）複数回答。
（注2）丸付数字は、順位を表す。

っている。

　小学校，中学校，高等学校と学校段階が上がるにつれて，「暴力」や「言葉での脅し」の割合が増加している。

　②　いじめの人数：いじめた（加害者）側の人数は，2～3人が約5割と最も多く，1人にいじめられた者は，1～2割強である。いじめられた者のうち，複数にいじめられた者は約8割で，とくに中・高校の女子で，いじめられた体験のある者には，10人以上にいじめられた者が約2割みられる。集団によるいじめが窺える。

　③　いじめの頻度：週に1回以上いじめられたと答えた子どもが，いじめられた子どものうち，小学校で6割（全体の13％），中学校で7割（全体の9％），高校で7割5分（全体の3％）。

　④　いじめられた時間帯：休み時間が6～7割でもっとも多く，小学校では登下校時および放課後，中学校では部活動中がこれに次いでいる。

## 2．いじめの心理

### (1)　いじめる子の心理

　現代の子どもを取り囲む環境は，子どもを欲求不満におしやる要因に満ちている（後述）。欲求不満は，攻撃性と結びやすいといわれる（欲求不満—攻撃仮説）。思春期は性の衝動や心的緊張の高まる時期であり，攻撃性に親和的となりやすい。社会性や情緒の未熟な者や，自己中心的な者は，欲求不満を経験しやすいが，攻撃性の抑制力も弱いので，より行動に出やすい。自己の心的ストレスを内面にかかえることができず，他者をいじめることでストレスを発散する。いじめやすい弱い対象が選ばれるが，自分と同じ弱点や欠点をもつ者や，怖れている者に対しても攻撃がむけられる。自分がいじめの対象にならないように，あるいは首謀者と同じ理由で，他の者も同調し，集団化していく。いじめの攻撃性はあからさまな暴力の形よりも，からかいや悪ふざけ，無視といった遊びやゲームに擬装化され表現される。動機は「面白いから」「気持ちがスカッとする」「みんながやっているのでなんとも思わない」等，心理的に合理

化される。個々の罪悪感や責任感は集団のなかに埋没されるので，いじめ行為は繰り返され，悪質さや残忍さはエスカレートしていく。

(2) **いじめられる子の心理**

いじめは集団によるものが多く，いじめられる子どもは孤立無援の状態に置かれるため，孤独感，無力感，無価値感を抱きやすい。

死に結びついてしまうほどの苦悩を経験しながら，親や教師に打ち明けない心理には，「叱られたくない」，「親に心配かけたくない」，「仕返しを恐れて」，「負けたくない」，「打ち明けるとより自分が惨めになる」，「恥ずかしい」，「仲間や友人への気遣い」等があげられる。思春期の子どもたちにとって，親からの情緒的自立には仲間や友人の存在が足がかりとなり重要である。いじめられてもなお友人として配慮するのは，大切な依存対象だからである。

(3) **傍観者の心理**

いじめ行為には加わらないが，心理的にはいじめる者に同調している場合が多い。いじめを見物することで，自己のストレスを発散させたり，快楽を共有したりする。面倒なことにはかかわりたくないという心理がある。かわいそうと思うが，自分がいじめられないためには黙認するしかない。いじめられる側にも問題があり，いじめられても仕方ないと正当化することで，罪悪感を払拭する。いじめを取り囲む傍観者の存在は，当人たちが意識する，しないにかかわらず，いじめる者を刺激し，よりいじめ行為をエスカレートさせる。傍観者たちもいじめに組み込まれており，いじめる側との境界は状況依存的で曖昧である。ひとたび仲裁に入ったり，非難したりすると，いじめられるという雰囲気が漂っている。遊びやゲームに擬装されたいじめは，構造が流動的である。

## 3. 現代のいじめの特徴

いつの時代にも子どもの世界には悪ふざけ，いたずら，けんかは存在していた。社会的存在としての人間の成長には，葛藤や軋轢という他者との関係性は，負の側面ばかりではなく，幼少期からの未熟な万能感に規定された自己中心性から脱却し，自分とは異なる存在としての他者と折り合うことを学ぶ契機

ともなりえる。「子どものけんかに大人が口出しするな」という論理は、たしかに一面では真理である。しかしながら、現代のいじめは、個と個のぶつかり合いのけんかや、従来の子どもの世界のいたずらや悪ふざけとは、現象面では一見すると同じであるが、その本質は異質なものである。いじめが死に直結してしまうことがそれを証明している。「日常化」「ゲーム化」「集団化」「擬装化」「陰湿化」「長期化」「犯罪化」が、現代におけるいじめの特徴を表している。

(1) 見えにくいいじめ

**曖昧さ**

　学校において子どもたちの「器物損壊」や「対教師暴力」という校内暴力が日本中を吹き荒れたのは、1970年代後半から1980年代初頭であった。1983年のピークを過ぎると沈静化の兆しを示したのもつかの間、それに代わっていじめを苦にした自殺や報復による殺傷事件が続発し始めた。

　かつての校内暴力や非行は、学校教育における競争からの脱落が明らかであった。いわゆる「ツッパリ」や「非行少年」が首謀者であり、その攻撃性は行為も対象も顕在化していた。性格や能力といった本人の属性、家庭環境要因等が問題行動を起こすのにある種の必然性を示す側面があった。そこには普通（普通という概念自体に問題はあるが）の児童生徒との境界が存在した。校内暴力の現象面の減少には学校関係者の根気のいる指導や管理体制の強化といった並々ならぬ努力効果は評価すべきであるが、一方で、子どもたちの攻撃性が抑圧され、大人の目にみえない潜行した「いじめ」という形で歪曲されて噴出してきたことも見逃してはならない。報道で取り上げられた事件のなかのいじめの多くは、暴行や傷害、恐喝などでかつての非行や校内暴力と同一延長上の犯罪行為である。そうした犯罪性のある悪質ないじめから、遊びやからかいといった子どもにとっては日常的な行為に名を借りての軽微なものまで、いじめの裾野はかなり広い。特定の子どもに限らず、すべての児童・生徒を巻き込んで、加害者意識や罪悪感を抱かせることなく陰湿で悪質ないじめが日常化し、拡散した形で蔓延していることが現代のいじめ問題の大きな特徴である。

森田（1994）は，現代のいじめを学級集団全体のあり方のなかでとらえ，いじめの四層構造をあげている。いじめには直接の当事者であるいじめっ子「加害者」層といじめられっ子「被害者」層が存在するが，現代のいじめは，いじめっ子—いじめられっ子という関係で割り切れるほど単純なものではなく，それをとりまく周囲の二層として，いじめをはやし立て面白がる子どもたち「観衆」層と，みてみぬふりをしている子どもたち「傍観者」層が存在していることを指摘している。むしろ外からなんの問題もなくみえる観衆や傍観者の存在こそが，いじめの実態をみえにくくし，問題を複雑にしていると言及している。しかもその関係は流動的で，立場が容易に入れかわる。いじめる子といじめられる子との当事者間の境界も，当事者と周辺との境界もなくなり，いじめを取り囲む子どもの関係が曖昧であるのが，現代のいじめの特徴である。文部省いじめアンケート調査結果（1996）においても，「今いじめている」と答えた者のうちで「最近いじめられた」経験がある場合が，小学校で約4割，中学で約3割，高校で約2割といじめの立場の変化を裏づけている。また，加害者と被害者の関係は，「普通のつき合いだった」が3〜4割ともっとも多く，「仲が良い友達だった」をいじめたと答えた者が約2割で，前から仲の悪い人よりも，仲のよい友達をいじめる傾向を示している。人種差別に代表される従来のいじめは，集団の仲間ではない者や集団から外れる者を排斥するという明確な境界がみられた。転校生や心身にハンディキャップをもつ児童生徒がいじめの対象に選ばれることは以前からあった。しかし，現代のいじめの対象は，同一集団内の仲間であり，集団に適応している者である。毎日同じ教室で机を並べ共に学ぶクラスメートであり，仲良しだった友達を集団で無視したり，冷やかしたりするのである。

　したがって，いじめのきっかけや動機は，はっきりしていないことが多い。「弱い者」や「動作が鈍い者」をなんとなく面白半分にいじめる傾向がある。また，「生意気」「成績がよい」「いい子ぶる」等の真面目に努力する者も反発や反感からいじめられる。また周囲に安易に流されない者も「異質」とみなされる。よくも悪くも少しでも「目立つ」者が標的にされる傾向があり，誰がい

じめられてもおかしくない。女子にみられる集団による無視において，対象が次々に代わっていくことが多いことでもそのことを象徴している。

現代のいじめの特徴は，いじめる―いじめられる関係もその原因も曖昧で，それだけいつ自分が標的にされるかわからない不安や緊張感が子どもたちの間に漂っている。

**集団化と擬装化**

個々人の主張や個性よりも，集団の和を第一に考える日本人の国民性は，極端な場合，異質者や少しでも外れた者を差別し排除する残忍な排他性となって現れる。集団における数と力が正義となり，異質とみなされた者を制裁と称して容赦なく攻撃し排斥する。礫川（1994）が指摘するように，いじめの本質はこの集団性にある。

思春期の子どもたちは，思春期につきまとう不安やいらだち，孤独を紛らすために，軽佻な雰囲気の集団に身を置くことで安定を図る。不安定な内面が暴かれないよう，ひょうきんで軽薄な自分を演じて，他者との深いかかわりを避けている。現代の子どものいじめは，個々は内面に暗い部分を秘めながら，表面上は明るく軽いノリのある集団が，悪質で陰湿ないじめ行為を覆い隠し，遊びやゲームという形に擬装される。本来の遊びやゲームにともなう快楽や爽快感が子どもたちを惹きつけ，いじめが繰り返される。嗜虐的行為はより強い刺激を求めるが，繰り返されるいじめも次第に悪質さを増していく傾向がある。しかし，いじめる彼らもまた，いつ自分に向けられるかわからない集団の攻撃性に怯えている。軽佻さに同調し，自己の行動基準を集団の行動基準に委ねることで，自分の身の安全を確保しようとする。弱みをみせればたちまちいじめられる側に降格するという不安と恐怖の緊張感は，対象を過剰に攻撃し自己の力や残忍さを誇示することで，集団内に確固とした足場を築こうとする傾向に向かわせる。過去にいじめられた経験のある者が，いじめる側に回るとそれまで抑圧していた被害感とあいまってそうした傾向を示すことがある。構成員も成立動機も曖昧ないじめ集団は，いじめを共有する時のみ，つかの間の結束を確認し，連帯の絆を図る。

教師をはじめ大人にはみえにくい子どものいじめも，子どもたちの間では目の前で繰り広げられることが多い。むしろ観衆者の存在がいじめの発生や過激化に重要な役割を果たすのである。集団として多くの者を巻き込むことで，個々の罪悪感や責任性は薄れ，さらに悪質化，長期化，陰湿化していく。

　自己アイデンティティの確認をもっぱら集団の行動基準に委ねる者にとって，己の身体性においてさえ自己の居場所はないのである。身近な仲間を攻撃する一方で，自分の身体に違和感を抱き，忌み嫌い，あるいは嫌うという否定的な意識すらもたずに，自分の身体を物的に扱う。自傷行為はもとより，拒食や過食といった摂食障害，自殺，性行為の逸脱等さまざまなかたちで自分の身体をも痛めつける若者が増加していることも，看過できない事態である。

(2)　「むかつく」子どもたち――いじめの背景

　「むかつく」最近の子どもたちがよく口にする言葉である。「むかつく」状態とは，明確な対象がある「怒り」とは性質が異なる。明確な原因があれば，具体的な対処や解決法が見出しうるが，輪郭が不明確な「むかつき」は，具体的な解決方法を見失ったまま，漠然とした不快の感情だけが慢性的に支配する。些細な刺激で衝動的な行為に及ぶことがある。竹内 (1999) は，むかつく身体の状態とは，胸に引っかかる何かを「吐き出すことも呑下すこともできぬ宙吊りのまま，不快のバランスを保ちつづけていなくてはならない」状態と述べている。世界を受け入れることも，拒絶することもしないまま，意識は内側の不快感に向けられ，宙吊りの不快のバランスを安定させるためにエネルギーが注がれる。そして「バランスが持ちこたえきれなくなったとき，少年はキレル」とも言及している。

　子どもたちを「むかつかせる」実体はなんであろう。どこから生じてくるのであろうか。子どもたちを取り囲む環境―学校，家庭，社会の要因を考察する。

**学校の要因**

　学歴偏重の風潮は，子どもたちを否応なしに競争原理に巻き込む。過激化する受験戦争のなか，競争開始の時期は早められていく傾向がある。親たちはわ

が子の将来を憂慮し競って幼児期から競争レースに上らせる。子どもらしい生き生きとした遊びや対人関係を経験する時期に，学習塾や習い事に追いやられる。子どもは，親が期待する枠組みに押し込められ，自尊感情を育てる機会は失われる。学校教育においても効率性が重視され，多数一斉の受動的な知育偏重教育や学力重視の一面的評価とならざるをえない。個々が能動的に課題に取り組み自分で考えさせたり，さまざまな側面から評価する余裕はない。学業に落ちこぼれた者は強い劣等感を抱き，自尊感情を喪失する。他の者も脱落しないようにとたえず急かされ，不安や焦燥感を抱かされる。

目まぐるしく変っていく流行，多様な価値観や生き方さえもが情報として溢れている現代社会においてなお，子どもたちは学校生活において校則という単一価値に従うことを強要される。違反する行動は厳しく罰せられ，管理される状況は，逃げ場のない被圧迫感や緊張感を引き起こす。子どもたちの間には不満が蓄積し，そのはけ口を求める力動が流れている。

**家庭の要因**

子どもの人格形成にもっとも影響を及ぼすのは家庭である。都市化，少子化，核家族化の進行は，家族の様子を一変させた。世代間の文化や価値観の合流や，兄弟げんかといった家庭内の人間関係のぶつかり合いが減少した。大家族では諸家族間の葛藤や衝突の経験を通して，子どもは自己表現の仕方や他者との距離感の取り方等の対人関係を学んでいく。しかし，親子だけからなる核家族では，心理的距離の境界は曖昧となりやすく，親の関心はもっぱら子どもに向けられ過保護や過干渉となる。とりわけ父親が不在の家庭では，母子が密着しやすい。溺愛のあまり躾けの不徹底となる過保護は，子どもの自主性や欲求不満耐性の形成や，情緒の発達を損ないやすく，親からの分離不安を引き起こす要因である。過干渉は学歴偏重の風潮の反映で，学力に一面的に期待や評価をかけ，たえず勉強を強い，子どもに欲求不満を生じさせる。

親の暴力や虐待もまた，心理的距離境界の喪失から起こる。子どもの人格を無視し，自分の感情をぶつけるのである。拒否，放任も目にみえない暴力である。こうした親の態度は，子どもに深い愛情の欲求不満を引き起こす。一般の

家庭においても，みんな揃って家族団欒の時間が減少する傾向があり，家族の感情的交流が乏しくなっている。

各家庭は，地域との連携は薄れ孤立する傾向があり，子どもの人格形成に影響を及ぼす家庭の比重は高まる一方，家庭の機能は低下している。子どもにとって家庭もまた逃げ場のない閉鎖された空間である。満たされない心の緊張は，たゆたうままバランスを保っている。

**社会的要因**

都市化の進行は地域社会の人間的な連携感を希薄化した。物質的な豊かさが，共助の必要性を無くし，各家庭が煩わしい人間関係から孤立して生活できるようになった。子どもの世界においても近所の集団遊びは減少し，代わって自室にこもってファミコンやゲームに興じる子どもが増加した。身体を使う遊びや運動は，内面の緊張を適度に発散させる効果があり，また自分の身体の力や痛みを実感できるが，ファミコンやゲームは身体性に欠け，仮想世界で繰り返される暴力や殺戮は，実際の力の限度や痛みの感覚を麻痺させる。長時間の没頭は神経を酷使し，かえってストレスを蓄積する。自由自在に操れる仮想の世界に独り浸りすぎると，仮想上の万能な自分と，現実の能力とのギャップに直面する。また，自分ではコントロールできない他者との関係も欲求不満の原因となる。

また，情報化社会の進展のなかで，マスメディアの役割は大きい。テレビ，マンガ，雑誌等子どもの目にふれる映像や画像は直接子どもに大きな影響を及ぼす。バラエティー番組のなかの弱い者いじめやからかいは，子どもたちに即座に模倣される。また，あからさまな暴力や性のシーンは，多感な年頃の子どもの心を損なう。

## 4．まとめにかえて

物理的豊かさのなかで，個々に閉ざした心をかかえながら，精神的な孤立と貧困に喘いでいる。子どもたちのいじめ問題は，このような現代の心の陰を浮き彫りにする。人間関係の病理の一つといえる。情報化社会といわれ，超近代

的メディアが優勢になっても，人間関係の病理は，ひとりの人間と人間との心のふれ合いというもっとも素朴な人間的アプローチをもってしか解決することはできない。

　転校先でのいじめをきっかけに，引きこもってしまった男子中学生を，69歳の嘱託の老教師が何度も訪問し，玄関の外から呼びかける。「起きてるか」「飯食ってるか」「手紙を置いておくぞ」。教師の声が，孤立した男子生徒の心と社会を繋ぐ。不登校のまま卒業となったが，自分を気遣う人との出会いは，彼の心のなかに，自分自身と他者を信じる種を蒔いたであろう。

　学校という枠を基盤に，子どもの心に，家庭の闇に，手を差し伸べられることができる教師の果たす役割は大きい。たとえ強制的なものであったとしても，子どもが家族以外の他者との出会いの場として，また人間関係を学ぶ場として，義務教育は重要な意味をもつと考える。

　「まっくらくらに　おつきさまが　わらってるよ」，満月の夜空をあおいで3歳の男児が表現する。「ぼくね　おなかのなかで　どんな　おかあさんか　かんがえていたんだ」，7歳の男児が胎児期を振り返る。子どもは本来，物に，時間・空間に，すべての事象に，他者の心を想像することのできる力をもっている。他者への思いやりや，他者との心のふれ合いは，〈私があなたの〉，〈あなたが私の〉心のなかを思い描ける「想像力」において可能になる。

　いかにして子どもの「想像力」を育てるか，あるいは取り戻すか。現代社会が見失っている「心の豊かさとは何か」という課題を，子どもたちがいじめ問題を通して，大人たちに問いかけている。

**参考文献**
森田洋司・清水賢二　1994　いじめ—教室の病い—　新訂版　金子書房
藤田弘人　1995　「いじめ」問題に対する社会病理学者の提言　いじめ解体新書　海越出版社
礫川全次（編者）　1994　いじめと民俗学　批判社
文部省初等中等局中学校課　生徒指導上の諸問題の現状と文部省の施策について　平成9年度版
文部省　1996　児童生徒のいじめ等に関するアンケート調査結果

竹内敏晴　1999　教師のためのからだとことば考　ちくま学芸文庫
山崎　森　1985　いじめの構図　ぎょうせい
髙野清純　1986　いじめのメカニズム　教育出版
箭内　仁　1986　いじめ―見えない子どもの世界―　慶応通信
尾木直樹　1996　いじめっ子―その分析と克服法―　学陽書房
松原達也他　1998　普通の子がふるう暴力　教育開発研究所
青木信人　1992　「感情」をなくす子どもたち　青弓社
清水賢二　1998　いじめの現代的諸相　佐伯　胖他（編）1998　岩波講座　現代の教育4　いじめと不登校　岩波書店

# V　落ち着きのない子どもたち

## 1.「落ち着きのない子」とは

　子どもの行動をとらえるとき，見る視点によって見えかたが異なってくる。たとえば，よく動き回る子どもがいると，「元気がいい子」という見え方がある。一方で，「落ち着きのない子」という見え方もある。元気がいいと見えると，それは「活発な子ども」とか，「子どもらしい子ども」と肯定的な評価をともなってくる。落ち着きがないと見えると，「周りが迷惑する」「集団がまとまらない」等，「困った子ども」という否定的な評価になってくる。このように同じ行動でも見る者の価値観によって，あたりまえの行動とみなしたり，直さなければいけない行動とみなしたりする。

　また，落ち着きがある・ないというのは個性の問題でもある。人はそれぞれみんな異なる自分の世界をもっていて，その世界が行動となって表に現れる。私たちの身近な人たちを見ても，人によってかなり違う。デスクワークは苦手だが片付けや，物を運ぶなど身体を動かすのを厭わない人。逆にじっくり人の話を聞いたり，机に向かって黙々と調べものに取り組むのを得手とする人。子どもの場合だったら，休み時間になると待ってましたとばかりに，ボールをもって校庭に出て行って飛び回っている子。みんなが飛び回っているときでも，あまり動かず本に見入っている子など。

　このように見る者の視点の違い，また人それぞれの個性の違いがあることを考えると，「落ち着きのない子」がいるのではなく，「落ち着きのない子」に見える子どもの行動があるともいえる。このようなことを前提にした上で「落ち着きのない子」について述べたい。

それでは「落ち着きのない子」と見える子どもの行動とは
① 保母や先生の話をじっと聞かないで，たえず身体のどこかが動いている
② 課題活動（制作，体操など）をしないで，自分の好きなことをしている
③ 給食や授業中に自分の席を立って，教室内を歩き回ったり，教室の外へ出て行ってしまう
④ 友達の物を勝手に使ったり，ちょっかいを出したりする
⑤ １つの遊びが長つづきしないで，気が散りやすい
⑥ 宿題など忘れ物が多い
⑦ おしゃべりが多すぎる

このような行動がなぜ問題にされるのだろうか。次のようなことが考えられる。
① 本人が育っていくなかで，このような行動のままであることは人格形成の上で問題である
② 他の子どものなかに影響を受けやすい子どもの存在が想像され，集団のまとまりが崩壊していく可能性が考えられる
③ 対象となる相手が被害をこうむる

これらの問題に取り組むには，まず落ち着かなく見える子どもへの理解が先決になる。次にその手がかりを考える。

## 2.「落ち着きのない子」を理解する手がかり

このような行動をとる子どもを理解するときに重要なことの一つは，子どもの行動を固定的にとらえたり，一定の枠のなかで判断することを厳に謹むことである。その子どもの側に立って考えることである。その子はいつでもどこでもそのような行動をとる子であるとか，その行動は悪い行動であって直すべきものであるとか，見る側の一方的な見方だけでとらえてしまうと，子どもの真の姿が見えてこない。

子どもは成長の途上にあり，たえず変化している。今大人が見ていて，はらはらするような行動をとっている子どもにしても，１，２年経つとあれは自己

を形成する上で大切な時期だったのだと思えるように，子どもが変わることも多い。また同じ年頃の子どもでも，がむしゃらに動き回る子ども，じっと人の動きを見てから動き出す子どもと，一人ひとり違った動きをする。その子独自の動きは個性の現れと理解することもできる。子どもの行動は，周りがどのように評価しようとも，本人にとってはそうせざるをえない必然的な背景をもっている。何がそのような行動を引き出しているのかを理解することが大切である。このようなことから，次のような観点で「落ち着きのない子」への理解を深める手がかりとしたい。

① 発達的側面 （ここでは児童精神科医などの診断，治療の必要な発達障害を除く。）
② 心理的側面
③ 生理学的側面 （脳の機能障害が推定される注意欠陥／多動性障害・ADHD，自閉症そして学習障害・LDなどの落ち着きのない行動を対象とし，後の4節で述べる。）

(1) **発達的側面**

　子どもは成長の途上にあり，どんどん変化していく。幼児の多くは，活動的で，衝動的である。であるから落ち着きのないのは当然のことであり，子どもらしいことでもある。活動的，衝動的であるとは，周りにある興味の対象に次々とかかわろうとしていることでもある。

　たとえば，母親と買物に行く途中，眼の前に蝶が飛んできた。その子どもに「蝶」のことしか頭になくなる。蝶を追いかけ，前からきた自転車が急ブレーキをかけて止まる。一瞬何がおきたのか驚いている子どもの頭上に，母親の叱責の声が飛んでくる。ここで子どもは，自分がきわめて危ないことをしたことに気づく。このようなことを繰り返し，物事のつながりがわかってきて，状況に応じて活動性や衝動性を抑えることができるようになっていく。

　このような行動は小学生になっても多くの子どもはつづいている。しかし学校というところは，子どもにとっては，それまでの生活環境とはかなり変わる。45分間，自分の席に座っていなければならない。先生の話を集中して聞

かなければならない等々。

　子どもによっては，先生の話を聞かなければいけないことはわかっていても，校庭から聞こえてくる楽しそうな声に気を取られてしまったり，少し考えてできる課題は集中して取り組めても，考えてもなかなかわからない課題には，集中力が落ちてしまう。このようなことに対して，学習環境の整備や課題のつくり方の工夫はもとよりであるが，その子どもの発達段階を踏まえ，子どもの視点で大人がかかわることで，子どもは新しい環境つまり状況の変化に，適応できるように成長していくのである。

　小学校の高学年から中学生の，いわゆる思春期の落ち着きのなさは，それまでの年代と意味が違ってくる。1つは大人の身体へと変わっていく時期であり，同時に精神的に親からの自立，すなわち自我の確立の時期でもある。ここに当人もわけのわからない苛立ちや不安がともなってくる。それを共感しあえる仲間を求め，大人からあまり干渉されない駅ビルの階段や，ゲームセンターを一時の居場所にする。この時期の子どもたちには，安心していられる居場所が必要なのである。

(2)　**心理的側面**

　人は，今おかれている立場や状況によって，いろいろな行動をとる。とくに大人の保護下にある子どもは，自分の力ではどうしようもない周りの状況のなかで生活せざるをえない。それは下の子の出生であったり，転居，両親の仕事の拡大，または不和であったりする。そこで本人自身も気づかないでいる不安やとまどいを携えて生きている姿が，「落ち着きのない」という行動に表れてくる子どもは少なくない。

　子どもは小さければ小さいほど，その気持ちを言葉に表現することはできずに，それまでと異なった行動となって表れることが多い。

　ある幼児は，幼稚園で先生に本を読んでもらっていても，以前と違って落ち着いて聞いていないし，お絵描きも集中できなくなっていた。気になった先生は，その子の母親に話を聞いて納得できた。最近妹が歩き始め，家族の関心がそちらに集まりがちだったのである。その幼児は寂しくなり，不安であったの

だろう。その思いが「落ち着きのない」行動になって表れたと考えられる。子どもは外であった驚いたこと、面白かったことなど話を聞いてくれる人がいることで、情緒が安定して育っていく。ところが話そうと思ったときに、大人から「忙しいから後で」と、受けとめてもらえないことがつづくと、そのときの気持ちのやり場がなくなり情緒は不安定になり、この子どものように落ち着かない行動になる子どもは少なくない。

　小学2年生のその子は、クラスのみんなが算数の計算に取り組んでいるのに、隣りの子に話しかける。相手にされないと今度は前の子にちょっかいを出すという具合。1年生の1学期のうちはこのような子どもは結構いる。しかし2学期、3学期と経ち2年生ともなれば、ほとんどの子どもは先生の指示に従えるようになる。その子は3人兄弟の3番目。上の2人は落ち着いていた。先生は不思議だった。母親に尋ねても、初めは要領を得なかった。母親もとまどい、先生は母親と一緒に考えた。母親はハタと思いついた。その子が幼稚園に入園する頃、店を拡張した。母親としては上の2人と同じように、その子に接していたつもりでも、店に気を取られることが多くなっていたのである。

　小学4年生になって転校してきたその子は、給食の順番が待ちきれなくなって、教室から飛び出す時があった。その子は話し始めたのが標準より遅かった。そのため幼児の頃は、友達との意思の疎通がうまくいかずに、いらだって物を投げたりすることもあった。しかし小学生になったころには、話も他の子どもと変わりなく話せるようになり、行動も安定してきた。そんな矢先に両親が別れることになり、馴染んだ環境を離れて転居したのだった。子どもは大人に比べればまだわずかな人生かもしれない。しかしこの子のように1つの問題を乗り越えたところで、さらに次の問題に立ち向かわざるをえなくなるところを、生きていかなければならない子どももいる。大人だったら酒を飲んで気を紛らわすこともできる。親しい友達に愚痴ることもできる。ところが子どもには大人のような気を紛らわせる術はない。落ち着かなくなるのも当然と思えてくる。

　次に、このような子どもたちにどのようにかかわっていくかを考える。

## 3. 「落ち着きのない子」とかかわる手がかり

　これまで，理解する手がかりとして，発達的側面と心理的側面から述べてきた。同じ子どもでも年齢の違いや，状況の違いで「落ち着きのない子」になったり，ならなかったりする。見る者の視点の違いで変わることも先に述べた。
　そこで，教師や親のかかわりかたで，子どもの行動は大きな影響を受ける。担任が変わることで「落ち着きのない子」になったり，そうでなかったりすることでもわかる。「落ち着きのない」行動の原因を子どもの側にのみ求めるのではなく，関係のなかで考えていくことが大切である。ここでは関係のなかで主に教師がどのようにかかわっていったらよいのかを考えたい。

### (1) 子どもを，その子独自の存在として見ているか

　「この子はいくら注意しても落ち着かない」「他の子どもたちはいうことを，ちゃんと聞けるのに」と，なかなかいうことを聞かない子どもがいると，その子を周りの子どもたちと，つい比べてしまわないだろうか。
　学校というところは教科を教えている以上，評価がともなってくるところである。評価というのはいうまでもなく，比べることである。体育は得意だが算数は不得手であるとか，平均点より上だとか下だとか等，評価は刺激や励みになるものでもあるが，何かの尺度に合わせるため，一人ひとりの子どもが独自の世界をもっているのを見失わせてしまいかねない側面がある。
　ある子どもは，箱庭で使う住宅やビルディング，消防署，交番，ガソリンスタンドなどをプレイ室の床に並べて「街」をつくった。そして「そこに住んでいる人は皆偉い人」と話したのである。その子は，「人は比べられる存在ではない」と訴えているように聞こえるのではないだろうか。

### (2) 子どもに精神的余裕をもって接しているか

　「比べない」で子どもを見よう，接しようと心がけても精神的に余裕がなくなると，普段の心がけを忘れてしまう。そして，子どもの状態が必要以上に悪く見えたり，すぐ事態を収めなければならないと焦ってしまったりする。そうすると，次のような対応をしてしまう先生もいる。

授業時間内で終わらなかった課題は，その子の宿題になった。数日後やっと宿題を終え，祖母が付き添って，作品をもって学校へ来た。担任に作品を渡そうとしたとき，担任は「なんで一人で来なかったの？」「なんで期日までに持って来れなかったの？」と，たたみかけた。この先生も余裕があったら，もう少し肯定的にその子どもを見ることができたのではないだろうか。

　たとえば，「期日に間に合わなかったけれど，頑張って完成させたんだな」とか，「期日に遅れてきまり悪くて，祖母に付いてきてもらったのかな」など。このように受けた感じを，そのまま子どもに伝えられると，なお望ましい。なぜなら，このような肯定的な言葉かけをされた子どもは，ほっとした次の瞬間，「この次は期日内で，やりとげよう」という意欲が湧いてくるように思われる。

　子どもに対して肯定的な関心を寄せて接することは，精神的な余裕も生み出す。同じ事象を見ても「困った」「困った」と感じるより，「頑張っているな」という感じかたのほうが，精神的な余裕が保たれる。というのは「困った」は苛立ちや焦りの方向へいき，「頑張っているな」は「この子は，こうやって成長していくのだろうな」という期待の方向へ気持ちが向いていく。この方向は子どもとともにいる充実感にもなっていくように思われる。物事や人に対する肯定的な見方は，何より心の余裕を生み出すものである。

(3)　**子どもの側に立って考えられるか**

　授業中，足をぶらぶらさせながら話を聞いている子どもや，他の子にちょっかいを出している子どもに気づいたら，注意しなければならない。ましてや，他の子を蹴ったり，ぶったりするような相手に怪我をさせかねない行為は，厳しく諫めなければならない。

　しかし，先の　2.「落ち着きのない子」を理解する手がかりで，見てきたように，落ち着きのない行動に表われざるをえない子どもでもあると考えると，注意したり，諫めるだけではその子を指導したことにはならない。つまり，いけないことは「いけない」と教える一方で，その子どもの側に立って考えられる視点をもちたい。

転校して行く子どもがカメラをもってきて，友達を写していた。少したったら周りで見ていた子どものひとりが，写している子を蹴ってしまった。蹴った子どもは，自分も写してみたくなったのだが，カメラの持ち主に断わられたのだった。ここで，蹴ったことを注意するのはもちろんである。だが同時に，断わられてカメラに触れなかった子どもの悔しさとか，憤りとかを推し量った言葉かけをしたい。また貸さなかった子どもの気持ち，落とされたり，壊されたりしたら大変だという不安も汲み取ってあげたい。このようなことが子どもの側に立つということになるのである。

　「落ち着きのない子」のなかには，話し初めが遅かったという子どもがかなりいる。発音が不明瞭だったり，話し方がたどたどしいと，友達間のコミュニケーションにしばしば支障をきたす。相手に伝わらないもどかしさ，苛立ちから相手をこづいたり，物を投げたりする行動となって現れることは多い。このような子どもに対して，周りの大人がその子どもの気持ちを汲み取ろうとしながら，つまりその子どもの側に立って対応することを繰り返しているうちに，情緒が安定していき，乱暴と見える行動は軽減していき，友達との意思の疎通もよくなってくる。

### (4) 親への対応

　わが子の行動に問題があると思っている親にとっては，学校や先生は敷居の高い存在である。自分の子どもに問題行動があると知ったときから，親は他の人からいわれるまでもなく，心を痛めている。とくに母親は自分の育て方が，まずかったのではないかと責任を感じている人は多い。そのため親に会うときは，親の気持ちをサポートするくらいの姿勢が望ましくなってくる。

　子どもの問題行動を指摘し，親も家で注意して欲しいというような姿勢になると，親は気持ちのゆとりがなくなる。そうすると子どもへの接し方が神経質になり，「あれしてはだめ」「これしてはだめ」といった禁止が多くなってくる。そうなると子どもは心理的に追いつめられ，落ち着かない行動は改善されにくくなっていくようである。

　むしろ，親はどんなところに困っているのだろうか，どんな状況なのだろう

かと，親に教えてもらおうという姿勢で臨むと，親も緊張が薄れ，日頃気になっていることが語りやすくなる。親の話を聞いているうちに，それまで見えていなかった子どもの側面が，見えてくることも少なくない。親の側にすれば，先生に話を聞いてもらえることで，気持ちのゆとりが回復してくる。そうなれば子どもにも，ゆとりをもって接することができ，その子の良さが，あらためて見えてくることも考えられる。子どもは親に認めてもらえているのを感じると，情緒が安定し行動が落ち着いてくる。

### (5) 専門機関への紹介

(1)〜(4)までのことを，教師が実践しても，子どもの行動に改善が見られない場合は，親と相談して相談機関に紹介するのが望ましい。あるいは先生自身が相談所で相談にのってもらいながら，子どもに対応していくやり方も考えられる。ある程度の期間，その子どもにかかわって変化が見られないときは，学校だけでかかえこまないことである。

ただ，親のなかには相談機関を紹介されると，先生も手に負えないほど大変な子どもなのかとショックを受ける人もいるので，親と教師と相談機関の三者で子どものことを考えていくということを，わかってもらうよう努める。

「落ち着きのない子」を見ていて，次のような行動がみられた場合は，生理学的側面が考えられる。

① 教室から飛び出してしまう子どもの場合，比較的先生の顔色に関係なく飛び出すことが多い。心理的側面の場合は担任の顔をうかがいながら出て行くことが多いようである。

② 予測しがたい行動になる場合がある。興味のある物を見つけると，危険を省みず飛び出すことがある。心理的側面の場合は，危険さがわかって行動している場合が多いようである。

次に生理学的側面を考えられる子どもについて記述する。

## 4. 生理学的側面を考えられる子どもについて

親や教師の予測できない行動を，学校で次々と起こす子どもがいる。多くの

場合動きが早く，大人がすぐに止めにくい。このような子どもは注意欠陥多動性障害（ADHD）や自閉症などの発達障害をもつ子どもの可能性が高いと考えられる。

ここでは注意欠陥多動性障害（ADHD），学習障害（LD），自閉症等の子どもたちを取りあげる。

### (1) 注意欠陥多動性障害（ADHD）

ADHD とは，Attention Deficit / Hyperactivity Disorder の略で，米国精神医学診断統計マニュアル DSM-Ⅳ（1994）に，その診断基準が提示されている。その要約（『LD と ADHD の理解と指導』東京都教育委員会，1999）によれば，次の3つを特徴とする症候群である。

① 不注意：不注意な過ちをおかす，注意が持続できない，必要な物をなくす，注意がそれやすい，毎日の活動を忘れてしまう，等
② 多動性：手足をそわそわ動かす，離席が多い，走り回ったり高い所へ上ったりする，じっとしていない，しゃべりすぎる，等
③ 衝動性：質問が終わらないうちに答えてしまう，順番を待つことが苦手，他人にちょっかいをだす，等

症状を基礎にした診断であるから，原因や生理学的な基礎については，脳の機能障害が推定されるという段階であって，現在のところわかっていない。また，こうした行動については，学校場面で日常的に見られるものであるが，他の診断項目もあり，「診断」はしかるべき専門家によってなされる必要がある。学習障害と同様に安易な「診断」は禁物である。

基本的には別の問題であるが，ひとりの子どもに注意欠陥多動性障害と学習障害が同時に認められる。その割合は約 40％といわれている。

### (2) 学習障害（LD）

知的には問題をもたない子どもにも，中枢神経系の機能的問題を背景にして，学業成績が上がらなかったり，注意集中の問題が認められる状態を微細脳機能障害（MBD）という用語でかつて呼んでいた。しかし，診断名が治療を

指向したものではないという理由で，次第にこの診断名は使われなくなった。その後，中枢神経系機能の偏りを基盤として生じている読字障害，書字障害，計算障害などを包括する概念として学習障害という用語が1960年代にアメリカで用いられるようになった。

日本でも文部省の「学習障害及びこれに類似する学習上の困難を有する児童生徒の指導方法に関する調査研究協力者会議」の報告（1999）において，次のような定義が提案されている。

「学習障害とは，基本的には全般的な知的発達に遅れはないが，聞く，話す，読む，書く，計算する又は推論する能力のうち特定のものの習得と使用に著しい困難を示す様々な状態を指すものである。

学習障害は，その原因として，中枢神経に何らかの機能障害があると推定されるが，視覚障害，聴覚障害，情緒障害などの障害や，環境的な要因が直接の原因となるものではない。」

なお，前掲「LDとADHDの理解と指導」によれば，次の3つの要素も上げている。
① 社会性（ソーシャル・スキル，社会的認知能力）に困難がある
② 運動能力（協応運動，運動企画能力）に困難がある
③ 注意力に困難がある（注意の集中や持続力の障害，多動，多弁）

学習障害児は基本的には力をもっているのであるから，さまざまな専門家の協力を得，子どもを理解し，その子の特性に合わせた配慮が必要である。

(3) **自閉症**

現在のところ原因不明の，そしておそらく単一の原因ではない中枢神経系を含む身体上の障害で，生涯にわたって種々の内容や程度の発達障害を示す。(『自閉症の手引き』社団法人日本自閉症協会，1999)

次の3つの行動特徴が3歳までに見られることで診断される。

① 対人関係・相互的社会関係の困難さ（周囲と交わらない）：幼児期になって，呼びかけられても振り返らないとか，相手と視線を合わせようとしないなど，周囲の人と共感的な関係を築くことが困難である。（学童期や青年期になっても，相手の気持ちを理解できず，友達と協調して遊ぶことがなかなかできない。）
② 言葉の発達の遅れ：話せるようになっても，尻上がりの特有のイントネーションがあったり，反響言語（オウム返し），紋切り型の言葉，一般の人は用いないような用語で話したりすることが少なくない。
③ 活動や興味の範囲の狭さ（こだわり）：手をひらひらさせるような常同行動に没頭したり，同じような活動を飽きることなく繰り返し，他の遊びや活動に興味や関心が広がらない。

他にも次のような特徴が見られる。
① アンバランスな感覚：身体に触られることには過敏に反応して嫌うが，けがの痛みは平気で，鈍感に思われることがある。
　また，赤ちゃんの泣き声や犬の吠える声を非常にいやがるが，ガラスや金属のすれ合う音などは平気だったりする。
② アンバランスな知的機能：知的機能の水準は個人差がある。発達水準の低い人は多いが，知的機能が発達障害とはいえない（IQ70以上の）人は全体の20％くらいだといわれている。また，一部の機能が優れていて，たとえば音楽，絵画，計算などに優れた能力を発揮する人がいる。
③ 変化に対する不安や抵抗：物を置く位置，歩く道順，着替えの手順，生活の日課やスケジュールなど，決まったやり方にひどくこだわり，変化に強い不安や抵抗を示す。

多くの場合，子どもは登校しながら，専門機関にも通う。そこで次に学校現場で，生理学的側面による「落ち着きのない子」への対応についてのポイントをいくつか記してみる。

子どもの内面を大事にする基本姿勢は，発達的側面，心理的側面からの「落ち着きのない子」への対応と同じである。しかし，具体的な指導については，より細やかな工夫が必要になってくる。

① 指示をわかりやすく出す：注意の持続力が短いことを考慮して，簡潔に呼びかける。
② 禁止や制止は少なくし，目標を絞りこむ：子どもに多くのことを望みがちである。いくつかの課題のうち1つか2つに絞って，できたところをほめる。
③ 安全第一，危険な行動はすぐに制止する：生命にかかわるような危険な行動は，全身で即止しなければならない。また，他人への危害についても真剣に注意をする。
④ 予測や見通しを与える：時間割の変更など，あらかじめわかっていたら，前もって知らせることにより，無用な困難を避けることができる。
⑤ パニックには先手を打つ：パニックを起こしそうな気配を感じたら，そばに行き，手を握って落ちつかせるなど，敏速に対応する。
⑥ 日常，できているところをほめるのを心がける。
⑦ 一貫性をもった態度で接する：子どもは教師の態度を見ながら，善悪の判断や，状況判断をする。同じような場面で，教師の気分で行動を許したり，許さなかったりすると，子どもは混乱する。
⑧ 校内の協力体制：担任ひとりで背負い込まずに，管理職，他の学級担任，養護教諭とも連絡を密にする。
⑨ 専門機関との連携：専門機関の担当者とも連絡を密にする。まず担任が出向いて相談するのがよいように思われる。

**参考文献**
並木紀子　1995　落ち着きがない子　研究集録，第50集　江戸川区教育研究所教育相談室
青木省三・青木三恵子　1998　思春期の心の揺らぎ，落ち着きのなさ　児童心理，2月号　金子書房

関川紘司　1995　落ち着きがない小2男子の母親面接から　研究集録，第50集　江戸川区教育研究所教育相談室
砥柄敬三　1996　多動の理由を知り，適切な対応を　月刊教育相談，6月号　学事出版
日高潤子　1998　落ち着きがない子と学習障害　児童心理，2月号
東京都教育委員会　1999　LDとADHDの理解と指導Q&A
二上哲志　2000　落ち着きのない子と学習障害　教育と医学，1月号　慶応義塾大学出版会
星野仁彦　1998　注意欠陥／多動性障害（ADHD）—その特徴と対応—　児童心理　2月号
森永良子　1998　落ち着きのない子—その心理と病理—　児童心理，2月号
東京都立教育研究所　2000　教育じほう，1月号
東京都教育委員会　1998　学習障害児等の理解と指導Q&A，LDって何ですか
大隈紘子　2000　落ち着きのない子の治療　教育と医学，1月号　慶応義塾大学出版会
上野一彦　1997　学習障害の発達と心理　こころの科学，№73，5月号　日本評論社
永井洋子　1997　発達障害におけるこころの発達　こころの科学，№73，5月号　日本評論社
社団法人日本自閉症協会　1999　自閉症の手引

# VI 拒食・過食の心理と病理

―― 摂食障害とは何か ――

## 1. 摂食障害とは

「拒食症」と「過食症」，正確には「神経性無食欲症」と「神経性過食症」の両方を合わせて摂食障害という。器質的疾患や特定の精神疾患によらず，心理的な要因から食行動の異常が生じるものである。日本では1960年頃から取り上げられ始め，1970年代から今日まで増加しつづけている。

「神経性無食欲症」が「思春期やせ症」と呼ばれることがあるように，10代後半から20代前半の思春期青年期の女子に多い障害である。最近では，思春期の早期化で10代前半で発症する例や，大人になっても思春期心性をかかえる人が増えたせいか30代で発症する例もあり，全体に裾野は広がっている。また，男子例も少数ではあるがみられるようになってきた。さらに最近の傾向として，過食症が非常に増えているのも大きな特徴である。

診断基準は次のようになっている。

(1) **神経性無食欲症**（厚生省特定疾患・神経性食欲不振症調査研究班）
 ① 標準体重の－20%以上のやせ
 ② 食行動の異常（不食，過食，隠れ食い，など）
 ③ 体重や体型についての歪んだ認識（体重増加に対する極端な恐怖など）
 ④ 発症年齢：30歳以下
 ⑤ （女性ならば）無月経
 ⑥ やせの原因と考えられる器質性疾患がない

(2) **神経性過食症**（DSM-Ⅳより）
 ① むちゃ食い（多量の食べ物を急激に摂取する）を繰り返す

②むちゃ食いを始めると，自分では制御できない
　　③体重増加を防ぐために，自己誘発性嘔吐，下剤や利尿剤の使用，絶食，または過剰な運動を行なう
　　④むちゃ食いが1週間に2回以上の頻度で，3カ月以上つづく
　　⑤自己評価が体型や体重の影響を過剰に受ける

　拒食症の多くは，途中から過食に転じ，拒食期と過食期を繰り返すようになる。過食症は，肥満恐怖による節食から生じていることがほとんどである。ここから，拒食症と過食症は一見正反対の障害のようにみえるが，本質的には同じ問題にもとづくものと考えられている（山口，1992）。

　病院を受診しない潜在的ケースも多く，正確な数の把握は難しいが，中学生以上の女子生徒100ないし500人に1人はこの障害があるとみられており（菊地，1998），この年代の女子には非常に身近な問題である。体重コントロールが要求されるスポーツや，スタイルが重視されるバレエ，モデルなどの世界での有病率はさらに高いと推測される。

　適切な治療により，8割が治癒または改善するが，この障害は長期化することが多く，治療には年数を要する。同じ摂食障害でも，病理水準に違いがあることもわかっており，根底に人格障害がある場合には，他の問題もともなって，治療が難しいことが多い。

## 2. 特徴と心理

### (1) 準備状況と引き金

　思春期の心身の不安定さが準備状況としてあり，そこになんらかの挫折や喪失体験があったときに，「痩せよう」と思って食事制限を始めることが引き金になることが多い。「皆がダイエットしているからなんとなく」という場合もある。しかし，どの場合にも共通するのは，意識的無意識的な「心もとなさ」や「自信のなさ」があり，そこを「痩せる努力」や「痩せること」で埋めて，自分を保とうとする心の動きである。ただし，若年の発症では，「痩せたい」という意識がないままに，食事を拒むことも多い。食事制限の前に肥満がある

ケースは稀である。

### (2) 拒食症（期）の特徴と心理

食事制限に成功して体重が減少しても，さらに痩せつづけようとし，普通の食事を拒み，炭水化物やたんぱく質，脂質を避けた低カロリーで少量の食事――たとえばワカメスープと野菜サラダといった食事しかとらなくなる。食べないことや，偏った食事を家族に注意されないように，ひとりで食事をするようになることも多い。

痩せ細った身体に，達成感や自己肯定感を感じていて「頭が冴える」「身体が軽くて爽快」というCl（クライエント）もいる。また，痩せて体力が落ちているにもかかわらず活動性が増して，勉強や運動に文字通り「寝食を忘れて」没頭する。これは少しでもカロリーを消費したい気持ちがあるのと，飢餓により生じている無力感を打ち消すためと考えられる。心配した家族が食事をとらせようとしても，かたくなに受け付けようとしない。典型的なケースでは，この時期に勝利感や万能感を感じていることも多い。「せっかく手に入れた優越感や達成感を手放したくない」思いがあり，病気だという自覚は少ない。そのために医療にかかることは難しくなる。

「少しでも食べたら止まらなくなる。どんどん太る」といった不合理な肥満恐怖が生じており，痩せつづけていないと安心できない状態になっている。しかし，口には出さないが，強い飢餓感があり，常に頭のなかは食べ物のことで占められている。そのために強迫的にカロリー計算をしたり，自室に食べ物をため込んだりする。また，料理に熱中し，つくった物を家族に強制的に食べさせたり，母親や姉妹を太らせようとすることもある。

身長150cm台の人で，体重が30-20kg台にまで落ちるケースもある。身体像に歪みが生じている場合も多く（馬場，1990），痩せを認めずに「まだ太っている」と感じたり，「下半身だけ太い」「お腹が出ている」と主観的なこだわりを示すことも多い。これは，唯一「痩せること」を心の拠り所にして自信を得ているために，痩せていることを自分に認めてしまうと，心の拠り所を失い，空虚な世界に陥ってしまうため，それを避けるためとも考えられている（下

坂，1999)。

　月経は停止し，脱毛，産毛の発生，便秘，貧血やさまざまな内分泌異常，体温・脈拍・血圧の低下，低血糖などの症状が生じ，放置すると生命の危険につながる場合もある。拒食期のさまざまな心理的障害は，身体的飢餓の結果，2次的に生じているものも多く，それがさらに症状を進め，病的状態から抜け出せなくなると考えられている (Bruch, 1978)。次第に体力が低下し，周囲から孤立していくことになる。この後に，過食に転じるケースが多い。

(3) **過食症（期）の特徴と心理**

　ある時，拒食が破綻して多量に食べてしまう。夜中に冷蔵庫のなかの食品を食べ尽くしたり，コンビニに走る Cl もいる。過食の際は，それまで避けられていた炭水化物や甘い物が好まれ，「ご飯2合におかず，クッキー1箱，スナック菓子1袋，菓子パン3個」等，驚く程の量を一度に食べる。このとき，味わうのではなく「ただ詰め込むように食べる」「食べても食べても満腹感がない。用意してあった物を食べ尽くすまでは止まらない」という Cl も多い。しかし，過食の後に「太る恐怖」が襲い，自発的嘔吐や下剤，利尿剤などを使用して，食べた物を排出しようとする。そして次第に，節食しつつも，夜間や休日などひとりのときやストレスを感じたときに多量に過食してしまい，その直後に嘔吐や下剤で自浄行動を行なう，というパターンが形成されていく。

　最近は，徹底した拒食期を経ずに，節食を始めて短期間で過食になるケースが増加している。また，「吐く」ことを雑誌や友人から知ったという Cl も多い。この障害が，質を変化させながら広がっていく様子が窺われる。こうしたケースでは，痩せはほとんど目立たない場合も多い。

　拒食期は，内面的には空虚な感じをもちながらも，それを排除して，勝利感や万能感を抱いているのが特徴だった。しかし，過食期になると，過食や自浄行動が，「自分をコントロールできない」敗北感や自己嫌悪，無力感をもたらし，抑うつ感が強まるのが特徴である。「過食しまいと思い節食していても，些細な事で切れて過食してしまう。自己嫌悪で自暴自棄になり目茶苦茶に食べる。食べているときは何も考えずにいられる。その後で"食べた物"も"ダメ

な自分"も全部チャラにするためにガーっと吐く。そして，ひどく落ち込み，寝てしまう」と語ったClがいた。

　過食や自浄行動は「嫌悪するもの」であるが同時に「唯一の気持ちの開放手段」であることが多い。そこで，止めたいと思ってもなかなか止めることができず，「嗜癖」のように習慣化していくことになる。

　身体的には，むくみや唾液腺の腫れ，繰り返す嘔吐の結果ひどい虫歯になったり，低カリウム血症などが生じてくる。手に「吐きだこ」ができてしまう人もいる。「我慢したり，食べたり，吐いたり。頭のなかはそのことだけ。まるで，食べ吐きに生活を乗っ取られている。でも，自分ではどうすることもできない」と語るClの言葉のように，拒食と過食を繰り返すことに心的エネルギーの大半が費やされ，無力感や絶望感が強まっていく。さらに心身の機能が乱れて，情緒不安定になり，食品の万引きや性的逸脱行動などの行動化を生じるケースもある。しかし，拒食期に比べて，苦しみや抑うつを自覚するために，この段階になると，周囲に助けを求めることも多い。ただし，回復すると，もとの自分に戻ってしまい，自分がなくなるような怖さももっており，治療に対しては両価的である。

## 3．理解

　摂食障害は，異論もないわけではないが，一般的には心身症と考えられている。心身症とは，心理的，環境的な要因が深くかかわって発症する身体の病気のことである。

　日常的な「食」をめぐる問題であり，身体にかかわることだけに，周囲の人と本人の間では「食べろ」「食べない」の攻防が繰り広げられがちである。しかし，大切なのは，本人にも意識化されないままに，症状や行動を通して語られている「心の言葉」に耳を傾けることである。これを「理解」していく姿勢で接することが本人の援助につながる。このことは，すべての心の問題に共通することである。

　背景には，さまざまな要因が複雑に絡んでおり，ケースによっても様相が異

なるため，個別性を重んじた理解が大切である。理解の手がかりとして，いくつかの側面を述べるが，これらは単独で存在することはなく，相互に関連していると考えられる。

(1) **文化，社会的側面**

近年になり増加したことや，発展途上国には稀で，先進国に多いことなどから，文化，社会的要素は大きいとされる（野上，1998）。先進国では，「飽食」の言葉のように，物があふれており，欲求の多くは簡単に満たされてしまう。そこを背景に「痩身が美しい」の価値観が強い。「痩身」には，外見上の価値だけではなく，身体コントロール＝自己コントロールとみなされて，精神的価値も与えられている。また，価値観が多様化し，昔にくらべ自由ではあるが，生きる上でのモデルや規範が見出し難くなっていて，若者が自我同一性を確立するのを困難にしている。とくに女子の場合，女性の生き方が，良妻賢母的な伝統的生き方から，多様な生き方への変化のさなかにあり，身近な母親すらモデルにならない難しさがあり，葛藤も大きい。

この障害は「女性の自立」と「ダイエット」が女性誌を賑わし始めた頃から増加したともいわれている。「自分らしさ」や「自分の生き方」がわからず，自信がもてないときに，てっとり早く自信を得て心の安定をはかる方法が，「痩身」の差し出すスリムで知的なイメージへの同一化と，ダイエットに励むことなのかもしれない。こうした心性が世のなかには蔓延している。

さらに，近年急増している他の心の問題とも共通する土壌として，核家族化や地域社会の崩壊，父親の心理的不在と母子密着などの問題からくる，心の育ちの脆弱さが根底にあるのはいうまでもない。

(2) **思春期青年期の発達危機の側面**

思春期は第2次性徴の発現により始まる。女子の場合，次第に胸が膨らみ，身体が丸みを帯び，初潮が訪れるが，身体が自分の知らないリズムで動きだし，変化するのは，不安をはらんだ出来事である。子どもの時は希薄だった身体性を意識させられながら，身体の変化や性を受け入れ，新しい自分を再構築していくのが，この時期の大きな課題である。このために心身は動揺する。ま

た身体の成熟にともない親離れが始まるが，自立はスムーズにはいかない。自立の気持ちが高まると，同時に親を離れる心細さも高まり，両方が強く葛藤する。それゆえ，強く親に反発したり，距離をとって自分を保とうとしたりもする。さらに親離れにつれて，親に向いていた心的エネルギーが自分に向かうようになり，自意識が非常に高まり，自分の身体や，他人の目に映る自分に強くこだわるようにもなる。こうした，身体変化や性の受入れ，親離れをめぐる葛藤，自己愛的傾向は，同性の仲間とのかかわりに支えられて乗り越えられていく。そのために，この時期は，同性同年齢の仲間がとても大切になる。青年期では，これに加えて新たな依存対象として異性との関係が重要になる。こうした過程を通して，徐々に自我同一性の道が探られて行くわけだが，それは手応えのない世界を模索する心もとなさに満ちている。

　思春期青年期に好発する摂食障害では，これら発達課題にまつわる不安や葛藤が，無意識のままに「食事や体重の問題」に置き代わって表現されている側面がある。まず従来より，背景には「成熟拒否」「女性性の受容の拒否」があるというのが，一般的な考え方である。食をコントロールし，痩せた身体を保つのは，自分の意志を越えて生じる身体変化や性成熟を拒み，子どもから大人，少女から女性になることを拒否している姿であるとする考え方である。そこには，母親のようになることの拒否，母親に対する否定的な感情が働いているという仮説が付け加えられることもある。

　分離個体化の側面からみると，「食を拒む」ことは「母を拒んで自分を保つ」ことであると同時に，そこには痩せ細ることで母の関心と世話を引き出している側面があり，また過食には母との一体化の願望がかくされていることがある。このように分離個体化をめぐる葛藤が読み取れることも多い。

　この障害では，やせ願望や過剰な身体コントロールなど，強く自分の身体にこだわるのが特徴であり，また頭のなかでは「痩せた」万能的自己像を追い求めており，そうした意味ではきわめて自己愛的で内閉的である。ここには，親から引き上げられた心的エネルギーが新しい対象（仲間や異性）にシフトすることに失敗し，自己に滞りつづけている状態としてとらえることができる側面

も認められる。

　自我同一性の確立をめぐる問題，同一性拡散の問題も大きい。この年代では「子ども時代の自分」や親子関係に別れを告げ，「大人の自分」や新たな親子関係，仲間，異性関係をつくり，職業を決め，自我同一性を確立していくが，それは「子どもでも大人でもない自分」や「居場所のなさ」「心もとなさ」に，いかに耐えて模索していくかの作業である。摂食障害の人には，この「心もとなさ」に耐えられない脆弱さがあり，「痩せる努力」や目にみえる体重の減少による達成感で，これらを埋めようとする。さらに「痩せる─太る」「食べ吐き」に悩むことで，「空虚な自分」を埋めてしまい，同一性確立の問題に取り組むことが避けられてしまっている。こうしたケースでは，拒食期は「空虚感」の排除に成功している時期で，過食期になると，この「空虚感」が立ち戻ってくるとも考えられる。

　これら発達課題の側面からいえば，摂食障害とは，心の発達過程で，大人への旅立ちの関門を乗り越えられないために，生じている障害であるともいえる。

(3) **性格特徴**

　この年代の発達課題でつまずきが生じる背景には，それまでの育ちと，その結果としての性格が関係していると考えられる。子ども時代は，親の手をわずらわさない「良い子」だった人が圧倒的に多いとされる。また，真面目で几帳面で完全主義だったり，従順な反面，頑張り屋で負けず嫌いな部分をもつ。幼児期から周囲の気持ちに敏感で，自分の気持ちを抑えて周囲の期待に応えてきた人が多く，その結果，偽りの成熟をそなえた「良い子」の部分が形成されているが，その奥の本当の自分は十分には育っておらず，真の自信や自立心は育くまれていない場合が多い。思春期になると，もはや「良い子」の部分ではやっていけなくなるが，かといって本当の自分は頼りなく混沌としており，そこでも対処してはいけない。また，そのままの自分を受け入れられた体験が少ないため，自信や自尊心の内在化が不十分であり，常に他人からの評価や，成績など，外側の基準により自信を得る必要のある人が多い。

Bruch（1978）は，こうした特徴を，早期より養育者による共感的で適切な欲求の読み取りと応答が欠けていたせいであるとし，この障害の根底には，自我同一性を確立していくときに必要な自我機能の未成熟さがあると考えた。同じく早期からの養育者との関係性を重視するPalazzoli（1974）は，この障害になる人の内的世界では，「良い対象」と「悪い対象」が統合されておらず，悪い対象を自分の身体に投影してコントロールすることで，意識上はよい自分を保とうとしていると考えている。

　こうした，人格の未成熟さがあるため，彼らが思春期の発達課題を乗り越えようとする時，ことさら強い自己不全感や空虚感，不安感がよみがえり，困難さが増すと考えられる。症状のなかに，原始的防衛機制をみる研究者は多い（菊地，1994；松木，1997）。

### (4) 家族的側面

　本人を含む家族のシステムに機能不全があることも指摘されている（下坂，1999）。心理的に父親不在の家庭が多く，母親は過保護で支配的であり，子どもを自己の延長としてコントロールする傾向があるとされる。また，表面的には「問題のない家庭」であることが多いが，両親の間には緊張関係があり，子どもがなんらかの形でその調整役を負わされていて，世代間境界が不明瞭であることが多い。娘が母親や父親の「なぐさめ役」を担っていることも多い。

　Minuchin（1978）は，この障害の家族の特徴として，家族間の境界が不明瞭に近く絡みあっている・家族外に対して過度に防衛的であり，子どもの社会的自立性や活動性が育ちにくい・家族内での意見の相違を否定して葛藤を回避し，表面の上の平静を保とうとすることをあげている。

## 4．援助

### (1) 専門機関へのつなぎ方

　成長期の心身にとり，ダメージの大きな障害であり，そこから生じる2次的な心理的機能不全や対人的孤立が，症状をさらに悪化させていくため，できるだけ早期に専門機関にかかることが望ましい。

しかし，親離れや自立の時期だけに，発見が遅れることもある。この時期の人たちは成長の証として「秘密」をもち，すべてを語らなくなり，また，周囲も本人を尊重する場合は，そうしたみえない世界を許容するからである。しかし，一番の問題は，本人に治療意欲が乏しい場合が多く，専門機関を受診することが難しいことである。

受診を勧めるときは，やみくもに説得することは反発を招き，逆効果になることが多い。まず，本人なりに心配なこと，困っていることがあるはずであり，そこに耳を傾けていくことから始めるべきである。また場合によっては，この障害が心身にもたらすダメージを率直に正直に伝えることが必要なこともある。その上で，治療にまつわる不安やためらいなどを，批判したりせず，よく聴くことが大切である。そうしたことに時間をかけることで，本人のかたくなさが変わることがある。また，体重を増やすことには拒否的でも，体力の低下は自覚されている場合もあり，「体力の低下をなんとかしよう」といった働きかけに，心を動かすこともある。しかし，極度の痩せや，情緒不安定，絶望感から自傷行為や自殺企図などがあるときは，受診を急ぐ必要がある。

どのような専門機関を受診したらよいかであるが，治療の前には，身体的疾患による食行動異常との鑑別が必要であり，まず，そうした鑑別診断ができる施設である必要がある。この障害は，身体と心理面の両方の治療が必要になる。体重が標準体重以下になっている場合は，身体面の管理と心理面へのアプローチが同時にできる心療内科が望ましい。過食症で，体重は問題ないが，抑うつや情緒不安定など心理的問題が大きい場合は，思春期の専門家がいる神経科が考えられるが，総合病院の神経科であれば，内科との連携がとりやすいであろう。15歳未満の場合は，小児科も考えられるが，心理療法が受けられる施設である必要がある。病院以外の相談施設でも，病院と連携をとりながら，この障害の治療を行なえる専門家がいるところもある。治療は長期にわたることが多いので，無理なく通いつづけられる施設であることも大切である。

(2) **治療**

体重減少が激しいときは，身体的な治療が優先され，場合によっては入院し

て栄養補給が必要になるときもある。月経が停止していることも多いが，体重が，無月経になった時点か初潮時の体重以上になれば，自然に再開する。なかなか再開しないときは，婦人科的な治療を行なうが，根本にある摂食の問題が解決しなければ，月経だけ再開しても意味はない。体重が35kg以上をめどに心理療法が開始される。精神症状に応じて対症的に抗不安薬や抗うつ薬が使用されることもある。

　心理療法はさまざまなアプローチが考えられている。代表的なものとしては，行動療法，認知療法，精神分析療法，家族療法などがあげられる。

　行動療法では，行動理論の立場より，この障害は，ストレスを回避したり解消する手段として不適切な食行動が学習され固定化されたものであるとする視点に立ち，身についた誤った食行動を修正し，望ましい食行動を形成するプログラムを立てて治療する。具体的には，入院させ家族から分離して，異常な食行動を強化，維持させている要素を遮断し，目標体重に達するまで面会を禁止するなどの行動制限をする（負の強化によるオペラント技法）。さらに，食事を規則的にとれるように，徐々にカロリーをアップして，望ましい食行動を再形成していく（正の強化によるオペラント技法）。

　認知療法では，障害の背景には，幼児期より形成された認知の歪みがあると考える。ストレス状況に置かれると，認知の歪みから否定的自動思考が生じて，否定的感情を強め，判断や行動が支配される結果，食行動異常が生じていると考える。否定的自動思考としては「全か無か」「自己関連づけ」「過剰な一般化」などが認められている。治療者と一緒に，認知の歪みを検討して修正していきながら，歪みを排除した現実に生じている問題を確認し，食行動異常に代わる適切な解決方法を考えて，身につけていくことが行なわれる。

　精神分析療法では，面接を通して，本人の健康な自我の部分を支えつつ，無意識のままに症状や行動のなかで解消されてしまっている問題を自我に統合することをめざして治療していく。この障害と自我同一性との関連や，性格特徴，養育者との関係についての仮説の多くは精神分析的な知見から得られたものでもある。治療者との間に展開される転移を吟味することを通して，本人の

自己理解を深めて，内的な成長を促すことをめざす。

　家族療法では，家族システムの問題を明らかにし，それを機能的に変化させることがめざされる。たとえば，存在感の薄い父親機能を支持したり，夫婦と子どもの間の世代間境界を再確立したり，家族間のコミュニケーションを活発にすることで個々の家族成員の分化度を高めることなどが行なわれる。

　その他にも，箱庭療法，集団療法などのアプローチがある。各専門機関で主にとられているアプローチがあるが，複数のアプローチを組み合わせて治療が行なわれる場合も多い。

### (3)　学校場面でのかかわり

　治療につなぐ際の留意点は先に述べた通りである。この障害では，つい食行動や身体面の問題に目が行きがちになるが，大切なのは，その裏には本人にも気づかれていないさまざまな気持ちがあり，そこから問題が生じているのだという理解をもって見守ることであろう。この障害になる人は，頑張り屋であるが，その裏には低い自己評価の問題があり，そこに苦しんでいるという理解をもつことも，日常接していく時のヒントになるかもしれない。

　摂食の問題を抱えながら学校生活を送る場合，友人関係において孤立しがちだったり，試験などに過度な緊張を示して症状が悪化することもある。また，体重低下が著しいときは，体力の消耗をふせぐために，無理のない学校生活を考慮する必要がある場合もある。また，この障害にともない登校できなくなることも多いが，いわゆる登校拒否とはメカニズムが異なるので，区別して理解する必要もある。

　治療には時間がかかるため，その間，障害をかかえながら生活していく必要があり，そこをどうやって支えていくかも大切な部分である。出席日数や成績のことなどを，本人や家族と話し合う必要が出てくる場合もある。本人と家族の承諾が得られる場合は，治療を受けている専門機関と連携し，協力の上で，学校生活の送り方を考えていくのもよいだろう。自分を取りまく大人たちの関係が信頼と安定に満ちていて，そのなかにかかえられることは，本人にとって非常に治療的な意味をもつことでもある。

本人のなかには，拒食あるいは過食する「歪んだ部分」と，それを問題にしてなんとか治したいと思う「健康な部分」がある。このことを理解し，「健康な部分」を助けて「歪んだ部分」に取り組んでいくことを見守るという姿勢を心がけることも必要かもしれない。このとき大切なのは，「歪んだ部分」とは，たしかに問題の部分ではあるが，心の奥の本音や，自己主張，取り組むべき真の問題に通じている部分でもあり，十分に耳を傾ける必要がある部分であるという認識である。

　発達危機という側面からみると，摂食障害とは，心の育ちの過程で滞りが生じて，そこから摂食の問題に迷い込み，抜け出せなくなってしまい，なんとか育ちたいと苦しみ，障害の形を通して周囲に助けを求めている姿ともいえる。

　「心の障害」というより「心の育ち直しのあがき」と理解し，「治る」とは「育つ」ことであるという認識をもち，育ちに必要な手をかしていくようなかかわりが大切であろう。

**参考文献**

山口素子　1992　摂食異常　氏原　寛他（編）　心理臨床大事典　培風館
菊地孝則　1998　摂食障害　小此木啓吾他（編）　精神医学ハンドブック　創元社
馬場謙一　1990　摂食障害とボディ・イメージ　野上芳美（編）　こころの科学　No.33　日本評論社
下坂幸三　1999　拒食と過食の心理　岩波書店
野上芳美　1998　摂食障害とは何か　野上芳美（編）　摂食障害　日本評論社
Bruch, H. 1978 *The golden cage : The enigma of anorexia nervosa*. Harvard University Press.（岡部祥平他（訳）思春期やせ症の謎―ゴールデンケージ―　星和書店）
菊地孝則　1994　摂食障害における内的対象喪失と発達の病理―象徴形成における退行を中心として―　精神療法　No.20：Vol.422　金剛出版
松木邦裕　1997　摂食障害の治療技法　金剛出版
Minuchin, S., Rosman, B. L., & Baker, L. 1978 *Psychosomatic Families : Anorexia Nervosa in Context*. Cambridge : Harvard University Press.
馬場謙一　2000　精神科臨床と精神療法　弘文堂
玉井　一・小林信行（編）　1995　摂食障害の治療方針　金剛出版
下坂幸三（編）　1991　過食の病理と治療　金剛出版
下坂幸三（編）　1983　食の病理と治療　金剛出版
末松弘行他（編）　1985　神経性食思不振症　医学書院

岩宮恵子　1997　生きにくい子供たち　岩波書店
氏原　寛他（編）　1998　思春期のこころとからだ　ミネルヴァ書房
馬場禮子他（編）　1997　ライフサイクルの臨床心理学　培風館
青木紀久代　1996　拒食と過食　サイエンス社
Weiss, L., Katzman, M., & Wolchik, S. 1986 *You can't have your cake and eat it too - A program for controlling bulimia*. R&E Publishers（末松弘行（監訳）1991　食べたい！でもやせたい　星和書店）

# VII 精神障害への対応

──精神分裂病を有する生徒・学生とのかかわり──

## 1. 精神分裂病

### (1) 概念の沿革

　精神分裂病の概念がそのかたちを整え始めるのは19世紀になってからであるが，西洋ではローマ時代，中国では秦漢時代の医学書に，今日の精神分裂病を思わせる記載がみられ，洋の東西を問わず古くからあったと考えられる。

　1896年，ドイツのクレペリン（Kraepelin, E.）は，今日精神分裂病とよばれている疾患に関するそれまでの研究を統合して，思春期から青年期にかけての人生の早い時期に発病してやがて痴呆に至るという意味の早発性痴呆（dementia precox）という概念を提唱した。しかし必ずしも早発性とは限らず，また痴呆に至らない場合もあることや，転帰を診断にもち込むことの是非などから，批判や反論が出た。スイスのブロイラー（Bleuler, E.）は，この疾患の特徴を現時点における症状に求め，もっとも重要な特性の一つとして精神機能の分裂をあげ，1911年に精神分裂病（schizophrenie）という名称を提唱した。

### (2) 症状

　精神分裂病は，意識や知能の障害なしに，多彩で特徴的な精神症状を呈する。一方，特異的な身体症状は知られていない。以下に主な精神症状をあげる。

**客観症状**

① 自閉性：自分の内面の主観世界に閉じこもり，現実への関心を失うこと。

② 両価性：同一対象に対して同時に，まったく相反する感情，意志，思考

を示すこと。たとえばある人物を愛しかつ憎むというようなことは精神分裂病患者でなくとも起こりうるが，精神分裂病の両価感情は，対象の部分部分に理由のある感情を振り分けるのではなく，特別の理由もなく極度に強い矛盾した感覚を感じるものである。
③　無関心：家庭生活や社会生活をはじめとして，周囲の出来事や周囲からの働きかけ，あるいは自分の幸不幸や未来などに対して関心を失うこと。
④　連想のゆるみ：観念と観念のつながりが乱れること。バラバラになったり歪んだり奇妙なかたちでつながったりする。初期の患者のなかにはそのことを自覚して，「考えがまとまらない」「よけいな考えが浮かんでしまう」などという人もいる。

**主観症状**
①　妄想：決して誰とも共有されない，誰になんと説得されようと訂正不能な，多少とも現実離れした内容をもつ，絶対的な確信。
②　幻覚：幻覚とは対象なき知覚への確信であるが，精神分裂病の幻覚のほとんどは幻聴である。それも「人の声」で，自分に話しかけたり命令する声であったり，自分のことを噂しあっている人たちの会話であったりする。幻聴に近縁の体験として，考えが声になる思考化声，頭で考えていることが他者にわかられてしまう思考伝播，人の考えが頭に吹き入れられる思考吹入などもある。
③　作為体験：幻覚をともなわずに生ずる「何々させられてしまう」という体験。たとえば「笑いたくないのに笑わされる」「考えたくないのに考えさせられる」など。

**経過，発病年齢，発生頻度，病因**
　経過に関して，従来は，比較的急速に人格崩壊に至る型，多彩な精神症状を呈しつつ慢性に経過する型，反覆発症するがそのつど治癒する型などに分けて考えられていた。しかし昨今は，軽症で治癒する型が増加している。
　発病年齢は，17・18歳〜26・27歳がもっとも多く，大部分が15〜35歳の範囲に含まれる。40歳以降に初発するのはきわめて稀である。すなわち，

中学・高校・大学という思春期から青年期にかけては，精神分裂病の好発時期である。

一般人口中における発生頻度は，世界の多くの統計値がだいたい一致して，0.7～0.9％という値を示している。この数値には現在は症状を呈していないケースも含まれているが，現在症状が認められるケースのみを対象とする期間有病率は，わが国における1963（昭和38）年の綿密な調査では0.23％であった。

病因は今日なお明らかになっていない。昔も今も生物学的原因追及の努力はつづけられている。一方，発病に際して心因の認められることも案外と多く，また発病や病型に社会的要因が関与すると主張する研究者も少なくない。笠原（1991）は，生物的要因，心理的要因，社会的要因が重なり合って生じるという。

治療法としては，薬物療法，心理療法，社会復帰療法がある。抗精神病薬の出現により，精神分裂病の治療は飛躍的に進歩した。しかしながら現在の薬物では，慢性期に入った患者の自発性や社会性の低下を改善するには限界がある。そこで自発性や社会性を改善するための社会復帰療法が欠かせなくなっている。

### 診断基準

今日わが国の精神医学界において参照されることの多い米国精神医学会の診断基準（DSM-Ⅳ：Diagnostic and Statistical Manual of Mental Disorders, Fourth Edition）を略述する。

#### 精神分裂病（Schizophrenia）

① 特徴的症状：以下のうち2つ（またはそれ以上），各々は，1ヵ月の期間（治療が成功した場合はより短い）ほとんどいつも存在。
  ⅰ．妄想
  ⅱ．幻覚
  ⅲ．解体した会話（例：頻繁な脱線または減裂）
  ⅳ．ひどく解体したまたは緊張病性の行動

ⅴ．陰性症状，すなわち感情の平板化，思考の貧困，または意欲の欠如
② 社会的または職業的機能の低下：—略—
③ 期間：障害の持続的な徴候が少なくとも 6 カ月間存在する。この 6 カ月の期間には，基準 A を満たす各症状（すなわち活動期の症状）は少なくとも 1 カ月（または治療が成功した場合はより短い）存在しなければならない。—以下略—
④ 分裂感情障害と気分障害の除外：—略—
⑤ 物質や一般身体疾患の除外：—略—
⑥ 広汎性発達障害との関係：—略—

## 2. 精神障害者に対する社会の態度の変遷

　西欧における狂気に対する態度について，フーコー（1966）は次のように述べている。1650 年頃までは疾患として医療の対象となると同時に文化の一部として広く一般に受容されていたが，17 世紀半ばに突然変化が起こり，狂気の世界は疎外された世界となった。大きな施設がつくられ，理性，道徳および社会の秩序に関して『変調』の徴候を示す人たちがそこに閉じこめられたが，狂気をあらわす人々もそのなかに含められたのである。

　わが国においては，小俣（1998）が，明治維新以前には精神障害者を隔離拘禁して強制的に治療する施設はほとんど存在しなかったと記している。

　明治に入り，1874（明治 7）年に医制が発布され，癲狂院の設立に関する規定ができたが，設置は進まなかった。

　1900（明治 33）年，「精神病者監護法」が制定された。これによって，監護義務者による精神病者の私宅監置が法的に認められた。しかし治療保護に関する規定はほとんどなく，私宅監置は座敷牢への監禁にほかならず，その実態は惨憺たるものであった。この法律は，社会防衛の思想から設けられたといえる。

　1950（昭和 25）年，「精神衛生法」が制定され，私宅監置は全面的に廃止された。この法律はまた，精神病院の設置を都道府県に義務づけるとともに，入

院に同意しない患者に対する入院制度を整えた。

　1954（昭和29）年，精神病院の設置運営に関する国庫補助が開始され，病床数が急速に増加した。昭和30年代に入ると，薬物療法，精神療法，作業療法などが進み，第2次予防や在宅ケアが注目されるようになった。しかし社会的には，精神障害者に対する偏見が強く，在宅の精神障害者が利用できる社会的資源もきわめて乏しく，精神障害者が地域で生活するのは依然として困難な状況であった。そのため社会生活を営めるまでに病状が回復していても入院を余儀なくされる患者が多数を占めていた。

　また精神病院のなかには，入院患者の人権を無視した対応を平然と行なうところも少なくなかった。1984（昭和59）年に生じた看護職員の暴行による入院患者の死亡事件をはじめ，精神病院における不祥事が相次いで発覚し，わが国の精神科医療に対する批判が国際的にも高まった。

　内外の批判にこたえる必要や国際障害者年によって障害者福祉理念が浸透してきたことなどから，1987（昭和62）年，「精神衛生法」に代わる「精神保健法」が制定された。この法律では，入院患者本人の同意にもとづく任意入院制度を設けるとともに，入院や処遇の妥当性を審査する精神医療審査会を設けた。また，精神障害者社会復帰施設を初めて法定化した。

　1995（平成7）年，総理府障害者施策推進本部の「障害者プラン：ノーマライゼーション7カ年戦略」，および，総務庁から厚生省にあてた勧告「ノーマライゼーションの実現に向けて―精神障害者が地域で普通に生活していくために―」が示された。これによって，疾病や障害の有無にかかわらず，すべての人がその人権を保障されて共に生きる社会の実現が目指されるようになった。

　同じ年，「精神保健及び精神障害者福祉に関する法律」（精神保健福祉法）が制定された。この法律では，精神病院管理者は患者本人の同意にもとづいて入院させるよう努めなければならないことを明記している。また，従来の地域精神保健活動に福祉事業を追加するなど，精神障害者が地域で生活するための配慮が含まれている。なお，この法律では精神障害者を，精神分裂病，中毒精神病，精神薄弱，精神病質その他精神疾患を有する者と規定している。

わが国における精神障害者施策は，明治以降連綿とつづいていた隔離収容が，平成に入って社会生活の保障へと変化してきた。今日では，多くの精神障害者が社会復帰施設を利用しながら社会生活を営んでいる。しかしながらノーマライゼーションの理念をまことに追求するならば，精神障害者の社会活動の場を社会復帰施設のみに託して事足れりというのではない。学校や職場においても，精神障害者の学ぶ権利や働く権利を保障する環境が求められる。
　とりわけ教育現場では，精神障害者のための教育的配慮も欠かせない。

## 3．精神分裂病を有する者への対応

### (1) 教育現場での対応
学級担任のかかわり
**A 男君の場合**
　①　経過：小学校までのA男君は，成績のよい，素直で真面目なおとなしい少年であった。中学に入って学級委員に選ばれたのを機に，積極的に級友たちにとけこもうとした。選り好みしないで誰とでも仲良くした。教諭の間では，誰からも好かれる明るい生徒として知られていた。
　中学1年が終わったとき，小学生の頃から仲良くしていた男子生徒が，親の海外赴任のため転出した。A男君の親の話では，そのためにA男君が特別寂しがったり落ち込んだりしたようにはみえなかったという。ただ，その頃からよく紙飛行機をつくるようになったという。
　2年生になると，学校でも休み時間に黙々と紙飛行機をつくるA男君の姿がみられた。A男君のつくる紙飛行機は精巧なもので，よく飛んだ。男子生徒の関心をひき，たちまち紙飛行機が流行り，授業中にも紙飛行機を飛ばす生徒が出てきた。6月半ば頃のホームルームの時間，学級担任は，紙飛行機飛ばしについてみんなで話し合うように提案した。学級委員のA男君が司会をしたが，意見があまり出ないままホームルームは終わった。その後A男君は，学校でも家でも紙飛行機をつくらなくなった。
　そのホームルームの後のまもない頃，担任は，A男君が授業中に時々右手

の人差し指と中指を組み合わせて数回回転させていることに気がついた。
　7月に入ると，A男君は頭痛を訴えて休むことが多くなった。また授業中に，宙を見つめたままボーッとしていたり，虚空に向かってうなずいたりしていることがあった。期末試験の結果は1年生のときの成績よりずいぶんと低かった。
　夏休みに入ってもA男君の頭痛は断続的に続いた。近医を受診したが，内科的には問題ないといわれた。
　2学期，A男君はまったく登校しなくなり，親が登校を促すと暴れた。
　親は学校に相談に行った。担任はA男君を登校拒否と判断し，不登校の生徒に対する望ましい親の対応について説明した。
　しかしA男君の経過は，いわゆる不登校の生徒とは違っていった。雨戸を閉めきった自室に閉じこもり，風呂にも入らず，食事もほとんど摂らず，新聞紙を大小さまざまな大きさに丸めて部屋中にたくさん並べ，家族がそれにさわると激しく怒った。そして夜中じゅう大きな声で意味不明なことをいったり，奇声をあげたりするようになった。
　心配した親は精神科を訪れた。A男君を往診した精神科医は，精神分裂病と診断し，入院治療を勧めた。
　3カ月ほど入院して日常生活に支障がないほどに回復し，翌年，2年生として学校に戻った。登校したA男君は，表情の変化が乏しく，ほとんど何も話さず，動作も緩慢で，前々年のような明るさや積極性はみられなかった。
　前年と同じ教諭がA男君の学級担任となった。担任は，去年A男君の変化に気づきながらも何もしなかったことを深く反省していた。そして，授業中にA男君が少しでもぼんやりしていると「大丈夫か？」「疲れてないか？」と声をかけたり，A男君が掃除当番のときには教室に顔を出して「無理しなくていいよ」というなど，何かにつけてA男君を気遣った。クラスの生徒は，A男君の様子がみんなと多少違っており，担任から特別に配慮されていることに気づき，A男君に距離をおくようになった。A男君も，自分からかかわってゆこうとはしなかった。学級担任は，クラスにとけこめずにいるA男君を心

配し，度々A男君を職員室に呼んで，「クラスのみんなは，君を嫌ってるわけじゃなくて，遠慮してるだけだと思うよ。君からちょっと話しかけたら，みんなも話しやすくなると思うよ」「先生は，君が1日も早く，元気で明るいもとの君に戻れるようになんでも協力するから，君も病気に負けないで頑張れよ。君ならやればできるんだから」「無理するな。疲れたら休んでいいんだぞ」等々助言した。A男君は，黙って聞いていた。

しかし，担任の努力にもかかわらず，A男君の表情はだんだん茫漠とした感じになり，動作はますます緩慢になった。

7月はじめ頃の学級担任の教科の時間，授業が平穏に進むなか，A男君は突然大きな声で，「うるさい！黙れ！」「先生はひいきなんかしてない！」「根暗は死ね！」等々叫んで興奮した。担任は養護教諭を呼び，ふたりで保健室に連れてゆき，家族の迎えを待った。そしてA男君は，二度目の入院となった。

② 考察：精神分裂病には，大きく分けて，破瓜型，緊張型，妄想型の亜型がある。DSM-Ⅳの病型分類でいうならば，解体型，緊張型，妄想型に該当する。

A男君は破瓜型である。破瓜とは思春期の意味である。A男君も思春期に発病したが，必ずしも思春期に発病するとは限らない。20歳前後から20歳代半ばにかけての発病も多い。破瓜型の特徴は，無関心，無為，思考障害，社会生活の不能，奇妙な行動などといった症状が，目立たない仕方でゆっくりと始まることである。幻覚妄想は顕著でない。あっても，断片的で，体系化されない。経過は，はっきりした症状は消失して社会生活に大きな支障をきたさないまでに快癒するタイプと，なかなか好転しないで慢性に進むタイプがある。

A男君は，自室に閉じこもって自閉し，入浴・食事という日常生活の基本的なことにも無関心になり，学校生活ができなくなった。さらに，部屋のなかに丸めた新聞紙を並べる，夜中に奇声をあげるなどの奇妙な行動がみられた。また，2回目の入院のきっかけとなったエピソードで，平穏に進行する授業中に「うるさい，黙れ」などといったのは，幻聴に対する反応と考えられる。

このようなはっきりとした症状が現れる以前に，A男君には少し奇妙な行

動がみられた。学級担任が最初に気づいたのは，指を組み合わせて回転させる仕草である。後日Ａ男君は，「そうすれば，クラスのみんなは紙飛行機を飛ばさなくなると思った」と語った。Ａ男君にとってこの仕草は，紙飛行機飛ばしをやめさせるためのおまじないの意味があったのである。紙飛行機が流行したきっかけは学級委員の自分なのに，それをやめさせるための現実的な手だてがＡ男君になかったことを考えると，おまじないに至った心の動きは了解できる。幼児期や思春期の子どもは，おまじないをはじめとして合理的でない仕草や行為を繰り返すことがよくある。また成人においても，馬鹿らしいとわかっているが，ある行為をどうしてもやらずにいられなくなることがある。このような現象を強迫行為という。強迫行為は精神分裂病に特異的な現象ではない。

　また担任は，授業中に宙を見つめてボーッとしていたり虚空に向けてうなずいているＡ男君を目にしている。このとき，Ａ男君の心は，現実のその場の状況から離れていたと推測される。Ａ男君の場合は，心のうちに生じた病的体験にもとづく行動としてとらえるのが妥当であろう。しかし人は誰であれ，考え事や空想をしているときに，ボーッとなったり，あるいは思わず知らずにうなずいたり呟いたり笑ったり，現実のその場の状況にはそぐわない振る舞いをすることがある。とりわけ，年齢が低ければ低いほどありふれたことである。

　頭痛や不登校も，精神分裂病に特異な症状ではない。

　とはいえ，精神分裂病の症状が顕現するのに先だって，強迫行為や強迫観念，空想への没入，以前にはみられなかった少し奇妙な行動，頭痛や不眠，心悸亢進などの身体的症状，および不登校などが認められることが多いのも事実である。このような徴候が認められたときに素早く治療が開始されたら回復も早いだろうが，こうした徴候のみから精神分裂病と決めつけるのは早計である。

　ところで，学級担任はＡ男君の自発性や明るさが早く回復することを願って，さまざまな配慮をした。しかしそれは，Ａ男君だけに与えた特別な配慮

だった。担任のそうした動きは，クラスの生徒に気づかれ，生徒たちがＡ男君から距離をおく結果を招いた。

一方Ａ男君もまた，自分が特別扱いされていることに気づいていた。2度目の入院のきっかけとなったエピソードで，Ａ男君は「先生はひいきなんかしてない」と叫んだ。このことについて，後日Ａ男君は，「『ひいき』『ひいき』という声（幻聴）が聞こえてうるさかったんだ」と説明した。現実には，Ａ男君がひいきされているなどという生徒はいなかった。しかしＡ男君は，担任が自分にだけしてくれる特別な配慮を，無意識裡に「ひいき」と感じたのだろう。

クラス内に障害者や病気回復者がいるいないにかかわらず，教諭が生徒に対する際には集団力動を考慮するべきであろう。

ところで，同じときのＡ男君の叫びに「根暗は死ね」というのがある。後日Ａ男君の語るところによると，「先生は僕に，明るくなれ，もっと頑張れ，まだ頑張ってないといった。無理なら休めといった。学校にも行けない根暗は生きてる価値がないと思った」というのである。担任の言葉は，担任の意図とはまったく違った意味でＡ男君に受け取られていた。精神分裂病になると，心のゆとりが少なくなって，自分の感情を脇において相手の言動を客観的に理解するのが難しくなることがある。Ａ男君は，明るくない自分を否定的にとらえていたため，担任の言葉をすべて否定的に理解したものと考えられる。

しかし担任の言葉にも，誤解を招きやすいところがあった。たとえば「元気で明るいもとの君に戻るように頑張れ」は，言外に『明るくない今の君』を否定しているし，「やればできる」も『まだやってない』という意味を含んでいる。また「頑張れ」といったり「無理するな」といったりしている。これは，その折々の話の流れのなかで自然に発せられたのだろう。個々の言葉を文脈に照らして吟味した上で全体として統合すれば，担任の真意を理解することができただろう。しかしそれにはかなり高度な理解力を要する。精神分裂病を病んでいるときには，よしんば高度な理解力を有していても，それを発揮する余裕がなくなっていることが少なくない。

**B子さんの場合**

① 経過：高校2年の5月，祖父の葬式のときに，B子さんは一点をみつめたまま動かなくなり，周囲の者が呼びかけてもなんの反応もしなくなってしまった。母親がB子さんの身体を支えて椅子に腰掛けさせると，されるまま坐るのだが，今度は坐ったまま微動だにしない。精進おとしの膳にも箸をつけない。母親が茶碗をもたせると，もったまま動かない。昏迷状態となったのである。すぐに精神科を受診した。緊張型精神分裂病の診断のもと，通院治療が開始された。

1学期は病欠した。2学期になって登校したB子さんは，表情が硬く，自発的に話をすることはなく，何を考えているのかとらえどころがなかった。昼休みには数人の女子生徒と一緒に食事をしているようだが，表情は硬いままでおしゃべりに加わっている様子はない。学級担任はB子さんの様子に気をつけて見守っていた。

1カ月ほどしたとき，担任は，ひとりで下校するB子さんをみかけたので，「学校には慣れたか？」と声をかけた。B子さんは，「はい，慣れました。でもみんなとおしゃべりするのは難しいです」と答えた。担任は「焦るな。ボチボチやれ」といった。翌日の授業のとき，担任はB子さんがジーッと自分をみつめているのに気づいた。昼休み，B子さんは職員室のドアの前で立っていた。担任が「どうした？」と聞くと，B子さんは「なんでもない」といって立ち去った。放課後も職員室の前にやってきた。担任が声をかけると「さようなら」といって帰路についた。その後毎日，昼休みと放課後に職員室の前にやってきた。

担任はスクール・カウンセラーに相談した。スクール・カウンセラーは，「たぶん，先生がいることを確認して安心してるんだと思う」と助言し，自分もB子さんをみかけたら声をかけるようにした。「こんにちは」「今日は寒いわね」などごく普通の挨拶から始めた。

その間も，B子さんの職員室通いはつづいていた。担任は，いつも同じ調子で言葉をかけていた。

2学期の中間試験の成績は芳しくなかったが，期末試験ではクラスの平均に達した。1年のときの成績に比べると低いものではあったが，担任はB子さんに「よくやった」とほめた。
　3学期が始まったとき，B子さんの表情は多少やわらかくなっており，他の生徒たちとともに笑う姿が見受けられた。
　担任は教科の授業で班別学習を取り入れた。担任はB子さんの負担にならないかと案じて，B子さんのグループにはとくに注意を払った。しかしそのグループだけを特別扱いすることはなかった。発表はとどこおりなく終わった。その日，B子さんは発表グループの仲間とカラオケに行ったらしい。
　B子さんの職員室通いは，いつのまにかなくなっていた。
　翌年は，別の教諭がB子さんのクラス担任になった。新しい学級担任は前の学級担任やスクール・カウンセラーからB子さんのことを詳しく聞き，注意して様子をみていたが，とくに問題となることはなかった。
　そして卒業を迎えた。謝恩会でB子さんは独唱することになった。前年の学級担任は内心案じたが，今は学級担任ではないので介入しなかった。当日B子さんの表情が硬くなっていたので，そっと近づいて「普段のカラオケの調子でやれ」といった。B子さんの歌は実に見事だったという。
　②　考察：精神分裂病の緊張型は，B子さんのようにじっとして動かなくなる昏迷，あるいは逆の興奮状態が前景に出る。急性に発病することが多く，回復するのも早い。発病は20歳前後が多い。
　B子さんの学級担任は，B子さんの様子を細かく観察し，折々のB子さんに応じたはたらきかけをした。そしてそのはたらきかけには，「焦るな。ボチボチやれ」という担任自身の言葉と矛盾するところはない。表情の硬さ，他の生徒へのとけこめなさ，また毎日の職員室通いなどに関しても，B子さん自身や他の生徒の学校生活を著しく脅かしているわけではないので，「もっとこんなふうになれ」と指示・教示するのではなく，そのままを受けとめて見守る態度をとった。そしてB子さんに望ましい変化が認められると，肯定的な反応を示すとともに，その肯定的な変化をさらに伸ばせるような環境を整えた。

またこの担任は，Ｂ子さんを『特別扱いの生徒』にしないように注意し，判断に迷うときはためらわず他者に意見を求めたが，こうしたことは精神分裂病を有する生徒への対応に限らず，いかなる場合においても当然のことであろう。

**Ａ男君とＢ子さんの共通点**

　Ａ男君もＢ子さんも学校で問題となったのは，表情変化の乏しさ，自発性の低下，級友たちとの交流の難しさであった。これらは精神分裂病の症状である。これらの症状に関しては，生活場面における他者からのはたらきかけが効を奏することがある。とはいえ，やみくもに叱咤激励すれば逆効果となる。教諭のかかわり方としては，本人および他の生徒の生活を著しく脅かさない限り，現時点における状態像をとりあえず受容し，症状があってもクラスの一員として認め，達成感を得る機会を提供し，その場の状況に適した自発的な言動がみられたときにはきちんと肯定的な反応を返すというようなやり方も一法であろう。

　Ａ男君もＢ子さんも，一見すると，学級担任のはたらきかけをどう思っているのかとらえがたかったのだが，Ａ男君の幻聴の内容やＢ子さんの職員室通いなどから，実は両者とも担任のはたらきかけを強く受けとめていたことが推測される。精神分裂病を有する人びとは，他者からのはたらきかけに対して，一見無関心にみえても，内面では強く反応していて，その反応を独自なやり方で表現することがある。そうした表現は，彼らの胸中を推察する手がかりとなる。その際，彼らの表情や言動の意味を，こちらの言動を含めたその場の前後関係に照らして，的確に読みとることが肝要である。

　ところで，Ａ男君もＢ子さんも発病前に比べて成績が低下しているが，精神分裂病では学業成績が低下することは珍しくない。知能は障害されないが，能力を十全に発揮することが困難になるためであり，機能の低下と考えられる。

## カウンセラーのかかわり
### C子さんの場合

① 経過：C子さんは，2年浪人して大学に入学した。大学1年の秋，はじめて学生相談室を訪れた。対応したカウンセラーの記録には，「人生論や哲学など形而上学的なことをいろいろ語った」と，短く記されている。このときは1回の面接で終了した。

3年後の6月下旬，C子さんは再び学生相談室を訪れた。そのときC子さんは24歳になっていたが，1年から2年に上がるときに留年しており，3年生だった。清楚な身なりで，行儀よくソファに坐り，透けるように白い化粧気のない肌の，頬のあたりだけをほんのりと赤らめて，澄んだ声で静かに語りだした。

その内容は次のようなものであった。西洋史の授業で，担当教授がヘンリー8世について講義した。それは教授がヘンリー8世で，C子さんがアン・ブーリンだということを意味している。つまり教授は，2人が相思相愛だということを伝えたのだ。そのため，キャサリン・オブ・アラゴンは，教授を迫害し始めた。たとえば先日教授の自宅に電話したところ，教授が出て「話は授業のときに。自宅には電話をしないでほしい」といった。それは，キャサリン・オブ・アラゴンからC子さんを守ろうとしているのだ。翌日，教授のことが心配になり，電話をしたが，何度かけても誰も出ない。きっとキャサリン・オブ・アラゴンが，教授を迫害して電話に出られなくしているのだ。C子さんは教授の家庭を壊すつもりはない。そのことをキャサリン・オブ・アラゴンに伝えたい。そうすれば教授は解放される。しかし電話をしても誰も出ない。どうしたらよいかわからない。どうしたらよいか教えてほしいというのである。

カウンセラーは，C子さんのニーズに即して返答した。すなわち，まずC子さんが教授を心配していることはよくわかったと伝え，その上で，教授がその妻から迫害されていると断定する根拠は乏しい，C子さんが度々電話をすればかえって不審に思われる，カウンセラーがC子さんの立場だったら，教授のいうように自宅への電話を控えてしばらく様子をみると助言した。

さらに，心配のあまり落ち着かなくなっていないか，眠れなくなっていないか，食欲が減退していないか，その他心身の調子を崩していないかと尋ねた。C子さんはその各々に「大丈夫です」と答えた。そして「それでは，このまま様子をみるということですね」といった。カウンセラーは，「私はそう思うが，他の人の意見も聞いてみたらどうか。でも，誰にでも相談できることではない。保健室に週1回来る精神科医なら，秘密は守るし，こういう相談にも応じるから，意見を聞いてみたらどうか」と勧めた。C子さんは，「結構です。先生のおっしゃるようにして様子をみます」と断った。そしてつづけて「あのう，また来てもいいですか？」というので，カウンセラーは翌週に予約を入れた。

　C子さんは夏休み前まで来室した。夏休み前には，「教授が迫害されているというのは考えすぎだった」といっていた。

　夏休みが明けた日，突然，C子さんの母親から学生相談室に電話があった。C子さんは，数日来落ち着きをなくしていたが，今日になって，学生相談室に電話をしてくれと頼んだという。C子さんは電話口に出ると，動揺した声で「テレビで，私が略奪愛をしてるというんです。私たちはプラトニックな愛なのに，テレビがなんでそんなことをいうのか，考えていたら頭のなかが真っ白になっちゃったんです。どうしたらいいんですか？」という。カウンセラーはC子さんに「頭のなかが真っ白になったのは薬で治りますから，お医者さんに行くといいですよ」といい，母親に自宅近所の精神科を教え，受診を勧めた。母親はすぐにC子さんを連れて受診した。

　翌年の新学期早々，C子さんと母親が来室した。前年の後期は休学して治療に専念し，今学期より復学したので，カウンセリングを受けたいという。カウンセラーは，C子さんを大学でのカウンセリングが可能な人と見立てていたが，即答は避け，大学でカウンセリングを受けることの是非について主治医の意見をきいて，主治医が賛成するならばその旨の紹介状をいただいてきてほしいと要請し，主治医の意見をカウンセラーに伝えるための面接の予約を入れた。

その予約日にC子さんと母親は，主治医の紹介状を持参して来室した。主治医の紹介状には，妄想型精神分裂病という診断，妄想やテレビ体験は消失したが時折幻聴があるという病状，現在の投薬内容，および，大学でのカウンセリングに賛成する旨が記されていた。カウンセラーは，カウンセリングを行なうことを応諾した。そして，主治医と相談する場合もあることの了承をC子さんに求めた。

　以後卒業まで，週1回の頻度でカウンセリングを行なった。C子さんへの対応について相談したいという母親が同伴するときもあったが，たいていはC子さんが単独で来室した。

　はじめの頃C子さんは，「授業中に幻聴が聞こえてきて，さっきまでつづいてたんですけど，ここに来たら聞こえなくなりました」といった。C子さんとカウンセラーはどんな授業のときとくに聞こえるかを検討した。そして，西欧の王家に関係した講義のときに幻聴が出やすいことがわかった。C子さんは，「西欧の王家に関心があるんですけど，私には合わないんですね」といって，関連する授業を避けることにした。幻聴は著しく減少し，復学の3年後に卒業した。

　② 考察：精神分裂病の妄想型は，妄想が前景に出る。多くは幻聴をともなう。妄想の内容は，被害妄想がもっとも多いが，誇大妄想も少なくない。感情の平板化など感情障害や，自閉性，社会生活の不能などはあまり顕著でない。発病は20歳代後半から30歳代にかけてが多い。今日では，早期の薬物療法によって治癒するケースが増えている。妄想や幻聴がつづいても人格は保たれていることが少なくない。しかしなかには好転しないまま慢性化する場合もある。

　C子さんの場合，教授に対する恋愛妄想を軸に，自分をアン・ブーリンになぞらえるなどの誇大的な要素と，「テレビが自分のことを略奪愛という」というテレビ体験などの被害的な要素を含んでいる。

　精神分裂病を有する人に対する心理療法や心理カウンセリングについては，多数の文献があるので割愛する。本章では，生徒・学生相談における精神分裂

病を有する人への対応について少しふれる。

　まずもって重要なことは，早期の発見である。

　精神分裂病が顕現発症する前に，前駆的な徴候が出没することがある。そして変調を自覚した人が相談機関を訪れることがある。そうした人のなかには，自分に生じた変調の兆しをうまく説明できない人もいる。

　このような時期のクライエントへの対応は，現時点における問題を整理するとともに，精神科受診の動機づけを行なうことである。

　Ｃ子さんは大学１年の秋に学生相談室を訪れている。その時点で将来の発病を予測することは困難であったろう。しかし担当カウンセラーの記録を読む限り，なんのために来室したのか定かでない。単に人生論や哲学を語るために学生相談室を訪れたのだろうか。少なくとも，そのあたりに疑問をもつ姿勢はもっていたいものである。また，精神分裂病が顕現発症するのに先立って，あるいは精神分裂病の初期において，形而上学的な関心が強くなる人のいることが指摘されていることも留意したい。結果論だが，１年から２年にあがるときに留年していることを考えると，学生相談室来室時，Ｃ子さんは，なんらかの精神的変調を感じながらも，うまく話せなかった可能性も推測される。

　精神分裂病の発病が確認された場合には，当然のことながら，精神科受診の動機づけをしなければならない。しかしＣ子さんのように病気としての自覚の乏しいことが多く，無理に勧めるとカウンセリングに対する抵抗を強めることがある。落ち着かない感じや不安焦燥感などの精神症状，あるいは不眠，食欲減退，頭痛，心悸亢進などといった身体症状を自覚している場合には，それをきっかけとすることができる。またＣ子さんのカウンセラーが試みたように，精神科医の意見も聞いてみたらと勧めることもできる。

　精神科受診を拒むクライエントに対しては，現実検討を促しつつ，精神科受診への動機づけを続け，受診の好機を逃さないようにすることである。

　精神科の治療が開始されたら，以後のカウンセリングに関しては，その是非を含めて，担当医の意見を求めるべきである。

　生徒・学生相談における心理カウンセリングでは，相談機関が生活の場にあ

り，かつまた期間が限定されていることを念頭におくべきである。すなわち生徒・学生相談における精神分裂病を有する人びとへの対応としては，心の内奥に焦点をあてた徹底的な心理療法よりも，学園生活への適応をめざした現実志向的な対応が望ましいと筆者は考える。C子さんは「ここに来たら幻聴が聞こえなくなった」といったが，そのような場を提供することや，幻聴の出現しやすい状況を検討してそれを回避するやり方を共に考えるのも，適応のための援助となるであろう。あるいは幻聴や妄想を症状として認識できていない人に対しては，症状としての認識がもてるようにはたらきかけるのも一法であろう。

家族や教諭の相談にのることもある。その際には，精神分裂病の病理に精通していることと，精神分裂病を有する人びとが日常生活においてどのような行動をとりがちであるか，それに対して周囲の者がどのように対処するとどのような反応を喚起しやすいかなどについても知っていることが肝要となる。

生徒・学生相談に従事する者が忘れてはならないことは，思春期においては，中井（1984b）が「分裂病らしく見えるものは大体分裂病でなく，いちばん分裂病らしくないものが分裂病に発展していく」というシュトゥッテの警告を引用していうように，まぎらわしい病像が非常に多いということである。また，精神病様状態になったとしても，回復の可能性が大きく，病気をしたことが新しい生き方の可能性を開く場合が決して少なくないということである。

(2) **精神分裂病を有する者への対応に際しての留意点**

精神分裂病を有する者に対する際，筆者は以下のような点に留意している。

第1に，精神分裂病では意識は障害されないこと。意識が鮮明であるから，こちらの対応はしっかりと記憶されていることが多い。実際に，錯乱のようにみえた状態から回復した人が，その状態のときに周囲の者から受けた対応について克明に語るのを，度々耳にしている。

第2に，対象希求性が，程度の差はあれ，案外と多くの人において保たれていること。精神分裂病を有する人は，目の前にいる現実の他者にはまったく頓着しないかのごとき印象を与えることがある。しかしA男君やB子さんがそうであったように，実は案外と多くの人たちが，他者とのかかわりのなかで喜

怒哀楽を感じ，周囲の者が考える以上に他者との関係を大切にしているのである。

　第3に，自閉性を1つの防衛としてとらえる視点。ある患者が「人は生々しい。生々しいので怖くなる」と語った。対象希求性はあるものの，他者に脅威を感じやすく，脅威から身を守るために自閉していると考えるならば，脅威を感じさせないような接近の仕方を工夫することが肝要となる。

　たとえば話をする際も，いきなりこちらのいいたいことをいうのではなく，相手の態度や表情をよくみて，こちらを安全な人と認めたことが相手の言動や表情などによって確認できてから，相手が受け入れやすいようなやり方で話を始めるなどの工夫である。

　第4に，幻覚や妄想を，その人の体験的事実として，とりあえず受け止めること。このことは，幻覚や妄想を現実の事実として肯定することではない。幻覚や妄想を頭ごなしに否定することはしないが，信頼関係が確立したならば，現実的ではないと思う旨の意見を述べることもあるし，病識があるならば病的体験として語り合うこともある。

　第5に，その人の言動や表情が，よしんば意味不明で奇妙なものであっても，こちらの対応やその場の出来事に対する反応である場合もあること。それによってその人の気持ちを推察することができる。また，そうした言動や表情にこめられた意味を，その場の前後関係に照らして的確に理解して，共感的な言葉で返すと，コミュニケーションが進展することがある。

　第6に，矛盾する2つあるいはそれ以上のメッセージを発しないこと。すなわち，ベイトソン（Bateson, G.）のいう二重拘束（double-bind）のメッセージを発しないことである。二重拘束とは，複数のレベルで送られてくるメッセージが相互に矛盾しており，1つのレベルのメッセージに従えば別のレベルのメッセージに反してしまうようなコミュニケーションである。相互に矛盾する複数の言葉，言葉と表情や態度との間の不一致などによってもたらされる。A男君の学級担任の言動もこれに類するものであった。

　第7に，相手と自分との社会的役割関係を明確にし，自分の役割から逸脱し

たような対応はしないこと。たとえば，C子さんが2年のときの学級担任が，翌年学級担任でなくなったときには介入を控えたようなことである。

　心理療法セラピストや心理カウンセラーがクライエントに対してそれ以外の役割関係をもたないのは，心理療法や心理カウンセリングを行なう際の基本である。とりわけ精神分裂病を有する人に対する際には，カウンセリング関係にない場合においても，役割関係を明確にすることが肝要と考える。

　以上のことを実践するために，第8には，自分と相手との役割関係やその場の状況に留意して，自分の言動や態度，表情をよく心にとめ，相手の言動や態度，表情，およびそれらの微妙な変化を注意深く見，聴くことである。

**参考文献**

American Psychiatric Association *Quick Reference to the Diagnostic Criteria from DSM-IV*. 高橋三郎・大野　裕・染矢俊幸（訳）1995　DSM-Ⅳ精神疾患の分類と診断の手引き　医学書院

Foucault, M. 1966 *Maladie mentale et psycholgie*. 神谷美恵子（訳）　1970　精神疾患と心理学　みすず書房

笠原　嘉・武正建一・風祭　元（編著）　1991　必修精神医学　南江堂

厚生省精神保健福祉法規研究会　1998　精神保健福祉法詳解　中央法規出版

中井久夫　1984a　分裂病の発病過程とその転導　中井久夫著作集第1　精神医学の経験　分裂病　岩崎学術出版社

中井久夫　1984b　思春期における精神病よび類似状態　中井久夫著作集第1　精神医学の経験　分裂病　岩崎学術出版社

中安信夫　1990　初期分裂病　星和書店

岡崎伸郎　1998　精神分裂病の「力学的病勢モデル」序説　臨床と病理1　精神分裂病　人文書院

小俣和一郎　1998　精神病院の起源　太田出版

大島　巖　1998　精神保健福祉法—精神保健福祉士法等精神障害者に関する法律—　岡上和雄他（編）　精神保健福祉士の基礎知識〈下〉　精神保健福祉論　中央法規出版

# 第2部
## 基礎編

# VIII 児童期・青年期の抑うつ

　ささいなことで，急に泣き出したり，わめいたり，物を投げる。ためいきが多く，たえずいらいらしている。夜眠れない。あるいは，早朝に目がさめて，その後なかなか眠れない。逆に，朝は起きられず，午前中は機嫌が悪い。授業に集中することができず，成績が下がる。以前興味をもっていたことに急に無関心になる。屋外で遊びたがらず，家では自分の部屋から一歩もでようとしない。子どもがこれらの行動を示したり，このような訴えをしたりするとき，その子どもは「抑うつ」状態に陥っているのかもしれない。本章では，主に小学生から高校生を対象とした内外の抑うつ研究を概観し，児童期・青年期の精神的健康という問題を，抑うつという視点から考察する。

## 1. 抑うつとは何か

### (1) 抑うつの定義

　抑うつについて述べる前に，「抑うつ」とは何かという問題を扱わなければならない。抑うつはdepressionの訳語であるが，depressionは次の3つをさしうる言葉である（坂本,1997）。①気分症状としての「抑うつ」（抑うつ気分；depressed mood），症状のまとまりとしての「抑うつ」（抑うつ症候群；depressive syndrome），③疾病単位としての「抑うつ」（うつ病；depressive illness）である。

　憂うつでもの悲しく落ち込んだ気分，これが抑うつ気分である。この抑うつ気分とともに生じやすい一連の症状に関しては一般に一致した見解が得られており，それらの症状群が抑うつ症候群である。これらの症状には，興味や喜びの減退，食欲の変化（食欲の低下や増大），睡眠の変化（入眠困難，早朝覚醒，過眠），体重の変化（体重の減少あるいは増加），自己無価値観，疲労感，在責感，

表8-1 DSM-IVによる診断基準(大うつ病エピソード)

A. 以下の症状のうち5つ(またはそれ以上)が同じ2週間の間に存在し,病前の機能からの変化を起こしている;これらの症状のうち少なくとも1つは,(1)抑うつ気分または(2)興味または喜びの喪失である。
 (注)明らかに,一般身体疾患,または気分に一致しない妄想または幻想による症状は含まない。
 (1) その人自身の言明(例えば,悲しみまたは,空虚感を感じる)か,他者の観察(例えば,涙を流しているように見える)によって示される。ほとんど一日中,ほとんど毎日の抑うつ気分。
  (注)小児や青年ではいらいらした気分もありうる。
 (2) ほとんど一日中,ほとんど毎日のすべて,またはほとんどすべての活動における興味,喜びの著しい減退(その人の言明,または他者の観察によって示される)。
 (3) 食事療法をしていないのに,著しい体重減少,あるいは体重増加(例えば,1ヵ月で体重の5%以上の変化),またはほとんど毎日の,食欲の減退または増加。
  (注)小児の場合,期待される体重増加がみられないことも考慮せよ。
 (4) ほとんど毎日の不眠または睡眠過多。
 (5) ほとんど毎日の精神運動性の焦燥または制止(他者によって観察可能で,ただ単に落ち着きがないとか,のろくなったという主観的感覚ではないもの)。
 (6) ほとんど毎日の易疲労性,または気力の減退。
 (7) ほとんど毎日の無価値観,または過剰であるか不適切な罪責感(妄想的であることもある)。(単に自分をとがめたり,病気になったことに対する罪の意識ではない)。
 (8) 思考力や集中力の減退,または,決断困難がほとんど毎日認められる(その人自身の言明による,または,他者によって観察される)。
 (9) 死についての反復思考(死の恐怖だけではない),特別な計画はないが反復的な自殺念慮,自殺企図,または自殺するためのはっきりとした計画。
B. 症状は混合性エピソードの基準をみたさない。
C. 症状は臨床的に著しい苦痛または,社会的,職業的,または他の重要な領域における機能の障害を引き起こしている。
D. 症状は,物質(例:乱用薬物,投薬)の直接的な生理学的作用,または一般身体疾患(例:甲状腺機能低下症)によるものではない。
E. 症状は死別反応ではうまく説明されない。すなわち,愛する者を失った後,症状が2ヵ月をこえてつづくか,または,著明な機能不全,無価値観への病的なとらわれ,自殺念慮,精神病性の症状,精神運動制止があることで特徴づけられる。

集中力の減退,自殺念慮,自殺企図,精神運動性の制止(動けなくなる),精神運動性の焦燥(いらいらと落ち着かなくなる)などを含んでいる。そして,抑うつ気分が一定期間持続し,これらの症状をともなう場合に,うつ病と診断されることになる。国際的に広く用いられている診断基準であるアメリカ精神医学会作成のDSM-Ⅳ (Diagnostic and Statistical Manual of Mental Disorders, 4th ed.)(American Psychiatric Association, 1994) では,うつ病性障害 (depressive disorders) を,大うつ病性障害 (major depressive disorder),気分変調性障害 (dysthymic disorder),特定不能のうつ病性障害に分類している。大うつ病性障害は,比較的重いうつ病であり,気分変調性障害は,大うつ病と診断するほどではないが,慢性的なうつ状態を示す疾患である。大うつ病性障害は,これ

**表8-2 DSM-IVによる診断基準（気分変調性障害）**

A. 抑うつ気分がほとんど一日中存在し，それのない日よりもある日の方が多く，その人自身の言明または他者の観察によって示され，少なくとも2年間つづいている。
   (注)小児や青年では，気分はいらいら感であることもあり，また期間は少なくとも1年間はなければならない。
B. 抑うつの間，以下のうち2つ(またはそれ以上)が存在すること：
   (1) 食欲減退，または過食
   (2) 不眠，または過眠
   (3) 気力の低下，または疲労
   (4) 自尊心の低下
   (5) 集中力低下，または決断困難
   (6) 絶望感
C. この障害の2年の期間中(小児や青年については1年間)，一度に2ヵ月を超える期間，基準AおよびBの症状がなかったことはない。
D. この障害の最初の2年間は(小児や青年については1年間)，大うつ病エピソードが存在したことがない；すなわち，障害は慢性の大うつ病性障害または大うつ病性障害，部分寛解，ではうまく説明されない
   (注)気分変調性障害が発現する前に完全寛解しているならば（2ヵ月間，著明な徴候や症状がない)，以前に大うつ病エピソードがあってもよい。さらに，気分変調性障害の最初の2年間(小児や青年については1年間)の後，大うつ病性障害のエピソードが重畳していることもあり，この場合，大うつ病エピソードの基準を満たしていれば，両方の診断が与えられる。
E. 躁病エピソード，混合性エピソード，軽躁病エピソードがあったことはなく，また，気分循環性障害の基準を満たしたこともない。
F. 障害は，精神分裂病や妄想性障害のような慢性の精神病性障害の経過中にのみ起こるものではない。
G. 症状は物質(たとえば，乱用薬物，投薬)の直接的な生理学的作用や，一般身体疾患(たとえば，甲状腺機能低下症)によるものではない。
H. 症状は臨床的に著しい苦痛または，社会的，職業的，または他の重要な領域における機能の障害を引き起こしている。

らの症状のうち5つ以上が2週間以上存在することを前提としている（表8-1）。また，気分変調性障害は，2つ以上の症状が2年間以上持続することを前提としている（表8-2）。われわれは，生きている間に多少の抑うつ気分を経験することが幾度かはあるだろう。しかし，短期間で回復しすぐに元気を取り戻すならば，それは問題とはならない。抑うつ気分が他の症状をともなってある一定期間持続する場合，問題となるのである。したがって，本章で扱う「抑うつ」は，「抑うつ症候群」と「うつ病」が中心となっている。

表8-1・表8-2は，DSM-IVの成人用の基準であるが，DSMでは，この成人の基準がそのまま児童・青年にも適用可能であるとしている。ただし，抑うつ気分の代わりに児童・青年ではいらいらの気分がありうること，気分変調性障害の診断では，その持続期間が2年の代わりに1年であることという注記が用いられている。もっとも，子どもに成人と同様の診断基準を適用すること

の可否に関しては，かつて異論が存在していた。つまり，子どもの抑うつは存在するとしてもきわめて稀なものである，一時的なものである，発達的に正常な一段階である，成人のように抑うつ気分として表現される代わりに行動上の問題や身体症状にマスクされている (masked) といったものである。この点に関しては，次節で述べることとする。

(2) 抑うつの測定

児童期・青年期の抑うつ症候群における症状の重症度を測定するために，多くの自己報告尺度が作成されている。なかでももっとも広く用いられている尺度は，CDI (children's depression inventory) (Kovacs, 1980) である。各項目は，過去2週間に経験した感情や行動の頻度を，「わたしは悲しいことがちょっとだけあった」「わたしは悲しいことが多かった」「わたしはずっと悲しかった」というような3つの文章のなかから選択するようになっている。27項目から構成されており，各項目が，0点，1点，2点で得点される。わが国でも，村田ら (1989, 1990) がCDIの日本語版を作成し，一般の小中学生や臨床サンプルを対象とした一連の研究を発表している。

しかし，子どもが自分の抑うつ症状の経験をはたして正確に認知しているか，あるいは報告できているかどうかは明らかではない。このような視点から，親や教師による評価尺度も作成されている（たとえばConners, 1973)。

また専門家がうつ病を診断するための面接法として代表的なものに，K-SADS (schedule for effective disorder and schizophrenia for school-aged children) (Chambers et al., 1985) がある。これは，異なる面接者が同様の質問を同様の方法で面接できるようにつくられた半構造化面接であり，DSM-Ⅳの基準にもとづいた診断が可能である。うつ病だけでなく，精神分裂病など他の疾患の診断もできるものである。国内で使用されたという報告はまだみられていない。

## 2. 研究の歴史

(1) **1970年代まで**

欧米で児童期の抑うつに関する症例の報告がみられるようになったのは，

1950年代以降である．しかし，この当時の精神分析理論は，子どもの抑うつの存在に対して否定的であった．精神分析では，抑うつは成熟した超自我に関連する現象としてとらえられていた．超自我は青年期になるまで成熟しないと仮定されているので，児童期には成人のような抑うつは存在しないというわけである．(Rie, H. E., 1966)．

一方で，子どもにも抑うつは存在するが，それは成人の抑うつとは異なる形であるという見解がみられている．すなわち，子どもには抑うつ気分や興味の減退のような成人と同様の特徴は認められず，それは身体症状，非行，学業不振などの抑うつ等価物（depressive equivalents）によってマスクされている，つまり一般に仮面うつ病（masked depression）と呼ばれている考え方である．抑うつがマスクされているという考え方は，抑うつが子どもにも存在することを肯定したという点では意味があったが，児童期の抑うつが成人の抑うつとは異なっているという前提を確認することにもなった．同時に，このような見解を基盤とした亜型分類や診断基準に関する研究もあいついでなされている．しかし，その概念にはかなりの混乱があった．

### (2) 1980年代以後

1980年以降は，児童期・青年期の抑うつに関して，その発生率，症状，経過，関連要因など，さまざまなタイプの研究が行なわれるようになった．なかでも症状の発達的差異に関する研究は，児童・青年と成人に同様の症状がみられることを確認することとなった．Carlson & Kashani (1988) は，臨床サンプルを用いた研究を，4つの年齢群（幼児・児童・青年・成人）の症状に関してメタ分析を行なった．その結果，年齢とともに増加する症状としてアンヘドニア（快感を体験する能力の喪失）・日内変動・絶望感（hopelessness）・精神運動性の制止・妄想を，年齢とともに減少する症状として，抑うつ的な表情・自尊感情の低さ・身体的訴え・幻覚をあげている．他の症状は年齢と無関係であった．彼らは，いくつかの差はあるとしても，全体として重症の抑うつは年齢に関係なく同じ姿を呈していると結論している．同様の結果は，Ryanら (1987) の研究においてもみいだされており，かれらは，児童と青年の症状の間には，

差よりも類似性の方がまさっていると結論している。

　わが国においても，1980年を境に，高木（1980）の総説が発表され，児童・青年期の抑うつへの関心が高まることとなった。1982年，第23回日本児童精神医学界総会で，はじめて「児童期のうつ状態をめぐって」というテーマでシンポジウムが行なわれている。その後，児童・青年期の抑うつに関する報告が散見されるようになったが，欧米に比較して，いまだ実証研究はきわめて少ないというのが実状である。

## 3. 有症率と経過

### (1) 有症率

　児童期・青年期の抑うつの有症率に関する調査は，欧米においても成人ほど多くは行なわれていない。しかし，青年期は，抑うつ症候群やうつ病を理解する上で重要な時期であるといわれる。それは，一般の児童・青年を対象とした調査も臨床サンプルに関する調査も，2つの一貫した傾向を示しているからである。つまり，抑うつは児童期にも存在するが，青年期に著しく増加し成人に匹敵するほどになる。そして，児童期には性差は存在しないが，青年期になると男子より女子の有症率が高くなるという2点である。

**年齢差**

　一般の子どもを対象とした調査は，児童期の有症率が2％前後であることを示唆している。比較的大規模な調査は，Andersonら（1987）のニュージーランドの児童に関するものである。Andersonらは，構造化面接を用いて，792名の11歳の児童を診断した。その結果，大うつ病あるいは気分変調障害と診断された子どもは1.8％であった。アメリカの精神科医が診察した7歳から11歳の78名の児童に関する調査は，0.4％の児童が大うつ病，1.3％の児童が気分変調障害を示していたと報告している（Costello et al., 1988）。

　青年に関する調査結果では，サンプルや調査方法によりかなりの差がみられている。Lewinsohnら（1993）は，アメリカの14〜18歳の青年に面接を行なった結果，3％が大うつ病か気分変調障害の基準を満たしていたと報告してい

る。さらに，約20%の青年が，これまでに抑うつを経験していた。また，Whitakerら（1990）は，14〜17歳の5596名の学生を質問紙でスクリーニングした後に高得点の青年に診断を行なった結果，女子で4.5%，男子で5.3%が大うつ病，女子の5.3%，男子の2.3%が気分変調障害という診断を受けたことを報告している。

　大うつ病や気分変調障害の増加だけでなく，自己報告質問紙における得点がこの時期に上昇するという報告も多い。Rutter（1986）は，英国の調査において，10〜11歳の児童を追跡調査した。10〜11歳時点では10〜12%が抑うつ気分を報告したが，14〜15歳時点ではその割合が40%前後に増加していた。また，Robertsら（1991）は，アメリカの9〜12年生の200名を調査した。その結果，成人用のカットオフポイントを用いた場合，46%の男子と59%の女子がそれ以上の得点を示したと報告している。わが国においても，村田ら（1989,1990）が小学2〜6年生104名と中学生543名にCDIを施行し，小学生は13.3%，中学生は21.9%がカットオフ以上の得点を有していたと報告している。また，高倉（1996）が，沖縄県の高校生2935名に成人用の抑うつ尺度を実施した結果，男子の53.4%，女子の61.4%がカットオフ以上の得点を示していた。

　もっとも，DSMの基準を満たすようないわゆるうつ病と，自己報告質問紙への回答にもとづくいわゆる抑うつ気分や抑うつ症候群とを同一に論じることはできないかもしれない。つまり，自己報告尺度において高得点を示したとしても，そのすべての児童青年がうつ病の診断基準を満たすとは限らないからである。Compasら（1993）は，青年期の抑うつに関する研究をレビューし，図8−1のような階層的なモデルを提案している。Compasらによると，15〜40%の青年が一時的な抑うつ気分を，5〜6%が抑うつ症候群を，1〜3%がうつ病を現時点で経験しているという。そして，これらの各レベルは連続的であると仮定している。このモデルの真偽に関しては，今後の実証研究の蓄積を待つことになろう。

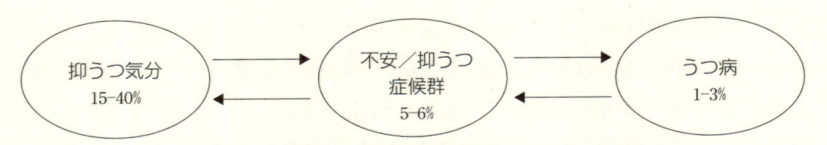

```
   抑うつ気分  →  不安／抑うつ  →   うつ病
   15-40%        症候群         1-3%
                 5-6%
```

**図8-1 抑うつ気分，抑うつ症候群，うつ病の階層的モデル**（Compas *et al.* 1993の一部）

**性差**

青年期に現れるもう1つの特徴は，成人と同様の性差が現れるということである。児童に関するほとんどの研究は，抑うつの割合に性差がないこと，あるいは女子より男子の方が抑うつの傾向が高いことを示唆している。これは，うつ病に関しても抑うつ症候群に関しても同様である。しかし，青年期では，女子は一貫して男子より高い割合の抑うつを示すようになる。諸研究はその割合を，女子は男子の2倍から3倍であると示唆している（Rutter *et al.*, 1989）。Petersenら（1991）は，自己報告質問紙を用いた6～12年生の児童青年に関する縦断的な調査において，抑うつ気分の性差が8年生に出現し始めることを見出した。すなわち，8年生以前には性差はないが，8年生において女子は男子より高い得点を示し始め，12年生で顕著な性差がみられるという。これらの性差がなぜこの時期に発現するかに関しては，さまざまな要因が提案されている（Nolen-Hoeksema *et al.*, 1994のレビューを参照）が，一致した見解は得られていない。

**世代差**

非常に興味深いことに，1980年代末から，若者の抑うつが増加しているという調査結果が示されてきている。Burkeら（1991）は，米国のあらゆる年齢の一般の人々に面接を行なった結果，若者の方が多くの抑うつを報告することを見出した。つまり，1953－66年，1937－52年，1917－36年の間に生まれた人々を比較した結果，もっとも年下の集団に，これまでに経験した抑うつが多かったのである。この差は，より大規模で国際的な研究でも見出されている。Cross National Collaborative Group（1992）は，レバノン，カナダ，プエルトリコ，ドイツ，ニュージーランド，台湾，イタリアの各都市において同様

の調査を行なったところ，大うつ病の割合が，1955年以降に生まれた25歳以下の人々の間でもっとも高かったと報告している。

しかし，これらの調査はこれまでの人生における抑うつ経験についてのレトロスペクティブな報告にもとづいているため，その結果の解釈には注意を要するかもしれない。つまり，若者はこれまでに経験した抑うつを多く報告する傾向があり，年上の人びとは若い頃の抑うつの経験を忘却しているため，報告の数が少なかったのかもしれない。一方で，若者における抑うつの増加は，何らかの社会的要因の影響によるものであるという解釈も可能であるかもしれない。この点に関しては，今後の研究においての検討を待つことになるだろう。

(2) **発症年齢と経過**

児童期・青年期の抑うつの発症年齢は，サンプルによりかなり異なっている。しかし，多くの研究は，10代前半がこの時期の抑うつ発症に関して特徴的な時期であることを示唆している。たとえば，Lewinsohnら (1988) は，一般の児童青年を対象とした調査において，大うつ病発症の平均年齢が14.3歳，気分変調障害は11.3歳であると報告している。また，Kovacsら (1984) は，臨床サンプルにおいて，大うつ病と気分変調性障害の発症の平均年齢が11.3歳であることを示している。

この時期の抑うつがどれくらい持続するかに関しては，研究によりかなりの差がみられる。たとえば，Kovacsら (1984) は，抑うつで治療を受けた8～13歳の65名の児童を追跡し，大うつ病の平均持続期間が32週であると報告した。多くの子どもはそれ以上の長さの抑うつを経験しており，1年後では41%がまだ抑うつの状態にあった。また，Lewinsohnら (1993) は，一般の青年において，24週という持続期間を報告している。

さらに，成人と同様に，子どもの抑うつも再発や慢性化といった問題をみせるようである。8年間の縦断研究によると，大うつ病で入院し回復した11名の子どものうち，7名がその後再発をみせていた (Garber et al., 1988)。また，気分変調性障害の診断を受けた児童のうち，81%がその後大うつ病を発症させたとの報告もある (Kovacs et al., 1994)。自己報告尺度における得点も，抑うつ

症状が長期間持続することを示している（Verhulst, & Van der Ende, 1992)。

## 4. 同時罹病と関連因

### (2) 同時罹病（comorbidity）

　近年の抑うつ研究において注目される問題の1つに同時罹病（comorbidity）がある。つまり，抑うつの他に，他の疾患の診断基準を満たすような症状を併せもっている場合が非常に多いという事実である。Andersonら（1987）による11歳の一般児童に関する調査では，なんらかの精神的な疾患をもつ子どものうち，55%が2つ以上の疾患を併せもっていることが見出されている。行為障害や注意欠陥障害，不安障害，薬物あるいはアルコール乱用，摂食障害などがともに発生することが多く，これらの同時罹病が，抑うつをマスクしているようにみえるゆえんであると考えられている。

**行為障害・注意欠陥障害・アルコール乱用・薬物乱用**

　行為障害とは，盗み，家出，放火，動物への虐待，喧嘩などの，いわゆる非行あるいは反社会的行動といわれる行動を示す場合に診断される診断名である。Kovacsら（1984）の児童の臨床サンプルにおいては，大うつ病の子どものうち79%が他の疾患を併せもっており，行為障害の児童は7%であった。気分変調性障害の子どもは，11%の行為障害，14%の注意欠陥障害をもっていた。Kashaniら（1987）の一般青年に関する調査は，抑うつの基準を満たす青年のすべてが他の診断を受けていることを見出している。行為障害は33%，アルコール乱用が25%，薬物乱用が25%であった。

**不安障害**

　抑うつの児童や青年においてもっとも多い同時罹病は，不安障害である。Kashaniら（1987）は，抑うつの診断を受けた青年の75%が，またKovacsら（1989）は，抑うつの子どもの41%が，不安障害をもっていることを見出した。Kovacsらは，ほとんどの不安障害が9〜11歳の間に発症し，大うつ病の子どもの2/3において，不安障害は抑うつの前に発症していたと報告している。そして，抑うつと不安障害が同一の疾患であるのか，あるいは別個の疾患である

のかについて論じている。

**摂食障害**

摂食障害と抑うつの関連もまた，数多くの研究において見出されてきている（Eckertら, 1982）。しかし，その因果関係に関しては議論の分かれるところである。摂食障害にともなうなんらかの要因が抑うつを引き起こすのかもしれないし，抑うつの症状の1つとして，食行動の変化が発生しているのかもしれない。この点に関しては，向井（1996）の一般の女子中学生を対象とした調査において，抑うつが食行動異常に先行する可能性を示唆されている。

**登校拒否**

登校拒否は，DSMには記されていないが，わが国では診断名に用いられることのある疾患である。その症状の類似性から，登校拒否と抑うつの関連に関する指摘がなされることもある（笠井, 1996）。しかし，摂食障害と同様に，その因果関係は明らかではなく，実証研究もほとんど行なわれていない。

(2) **関連因**

児童期・青年期の抑うつの原因を説明するために，さまざまな生物学的，心理的，社会的モデルが提案されてきており，膨大な数の研究が行なわれてきている。しかし，いまだ統一的な見解は得られていない。ここでは，心理的要因として考えられているもののいくつかを概観する。

**対人行動**

子どもの抑うつと仲間関係の機能に焦点をあてた研究は数多い。いずれもが，抑うつの子どもは仲間内の地位が低く（拒否児・無視児），社会的スキルが低く，対人的問題に対する問題解決能力に乏しいという結果を見出している。Altman & Gotlib（1988）は，抑うつ傾向の高い一般児童の行動の観察を行なっている。その結果，抑うつの子どもはそうでない子どもより，ひとりで過ごしたがり，また攻撃的傾向が高かった。ひとりで過ごしたがるという傾向は，Larsonら（1990）の5～8年生が毎日の経験を日誌につけるという研究でも見出されている。その日誌を分析した結果，抑うつの子どもはそうでない子どもと比較した場合，日々の行動に多くの差はなかったが，自室でより多くの時

間を過ごし，友人と過ごす時間やスポーツ活動で過ごす時間が少なかった。抑うつの子どもが対人的機能において劣っていることは，確かなようである。しかし，それが抑うつの原因であるのか，あるいは抑うつの症状であるのかという因果関係を確認できるだけの証拠はほとんど存在しておらず，この点に関しては，今後の縦断研究を待つことになろう。

### 認知

成人においては，抑うつの原因としての認知に関するモデルが数々提案されており，膨大な量の研究が蓄積されている。児童・青年の抑うつの認知的要因に関する研究のほとんどは，この成人のモデルにもとづいて行なわれているものである。成人と同様に，児童期・青年期の抑うつは，ネガティブな認知バイアス（Haley et al. 1985），ネガティブな自己概念（Asarnow & Bates, 1988），抑うつ的な帰属スタイル（Seligman et al., 1984）などと関連を示している。抑うつの児童・青年は，自分自身やその周りの世界をかたよった方法で解釈しているようである。しかし，このような認知が，抑うつという疾患だけに特有であるのかそれとも他の疾患にもみられるものなのか，抑うつの原因として機能しているのかあるいは抑うつの症状の1つであるのか，そしてこのような認知が発達段階のどの時期にどのように獲得されていくのかなど，今後の研究にその答えを待つ問題は多い。

### 学業成績

一般児童を対象とした調査では，成績の低さと抑うつ症状との関連が見出されてきている（Forehand et al., 1988）。また，Kandel & Davies (1982) は，抑うつ症状を示す青年の追跡調査において，高校中退の傾向が多いこと，男子において失業の傾向が高いことを見出している。その因果の方向は定かではないが，学業における困難さが抑うつに結びつき，抑うつがまた学業上の達成を困難にしているという悪循環が起きているのかもしれない。

### 家族関係

家族関係と抑うつに関する研究は，それほど多くは行なわれていない。先述した Larson ら（1990）のコミュニティサンプルに関する調査は，日々の生活

のなかで，抑うつの児童が自分の家族をフレンドリーではないと認知しており，家族と一緒にいるときにひとりでいたいという感覚をもっていると報告している。また，Kandel & Davies（1982）は，抑うつの女子が，母親や父親との関係において距離感や不満を報告することを見出している。臨床例を対象とした研究もまた，抑うつの子どもの親子関係が，コミュニケーションの少なさや報酬の少なさといったネガティブな特徴をもつことを示唆している（Puig-Antich, 1985）。このようなネガティブな家族関係が，はたして抑うつの原因であるのかどうかは明らかではない。抑うつの児童・青年が，仲間関係においてもその機能を損なうのと同様に，家族においてもその機能を損なってしまっているという可能性も考えられる。これらのメカニズムを明らかにするためには，さらなる研究が必要であろう。

**ネガティブな出来事**

ライフイベントあるいはストレッサーとは，人生において人の精神的健康に大きな影響を及ぼすと考えられる出来事をさす。抑うつとライフイベントやストレッサーとの関連に関しては，成人と同様に児童・青年でもその関係は一貫したものである。わが国においても，上林ら（1991）が，一般中学生を対象に抑うつ症状とライフイベントとの関連を見出している。Siegle & Brown（1988）は，ストレッサーがその後の抑うつを予測することを報告しており，ストレッサーが抑うつの原因として機能していることを示唆している。さらに，ネガティブな出来事の多さだけではなくポジティブな出来事の少なさも，その後の抑うつを予測しているとしている。また，Allgood-Mertenら（1990）は，高校生のサンプルにおいて，やはりライフイベントがその後の抑うつを予測することを見出しており，男子より女子の方がライフイベントを多く報告する傾向があると述べている。

Hammenらは，抑うつの母親の子どもを対象に一連の調査を実施しているが，そのなかで，ストレスフルな出来事を客観的に評価するための面接方法を生み出している。その構造化面接を用いて，Adrian & Hammen（1993）は，そのような子どもが自分自身がストレスとなる出来事の発生に寄与している傾

向があり，とくに対人的な出来事においてそうであることを見出した。つまり，ストレスとなるような出来事はそれ自体抑うつの原因になるが，抑うつの子どもは，さらに自分自身がそのような出来事を発生させてしまい，抑うつとストレスの悪循環に陥ってしまう可能性が示唆されているのである。

　しかし，このような出来事を体験した人がすべて抑うつになるというわけではない。ネガティブな出来事と抑うつの間を媒介する要因は，先述の対人行動や認知を含めて数々提案されてきている。今後，児童期・青年期の抑うつの発症を説明するためには，これら心理学の他にも生物学・社会学などの知見を統合したモデルが必要であろう。

## 5．今後の課題

　先述したように，児童期・青年期の抑うつの有症率は，かなり高い。一般の児童・青年のサンプルを対象とした調査をみても，一見ごく普通に生活している児童・青年のなかにも抑うつ状態に陥っている子どもが非常に多いことが推察できる。また，抑うつは，非行，不登校，アルコールや薬物の使用との関連が強く，学業や友人関係などにおける機能の障害をともなうものである。これら行動上の問題の背景に抑うつが横たわっている可能性も考えられる。

　さらに，抑うつは，その症状から本人の苦しみをともなうものであり，最悪の場合自殺を引き起こすものでもある。しかし，抑うつの中心症状である抑うつ気分は主観的な経験であるために，親や教師からは気づかれにくく，単に神経質な子どもであると片づけられてしまったり，非行などにマスクされているために，単なる行動上の問題として片づけられてしまうという可能性も秘めている。近年，わが国では子どもたちの精神的健康をめぐるさまざまな問題が顕在化している。子どもたちの精神的健康を正確に把握し，行動上の問題のメカニズムを解明するために，抑うつは非常に有用な手がかりでありうると考えられるのである。

　しかし，抑うつ研究において残っている問題は，抑うつという概念そのものにある。抑うつ気分・抑うつ症候群・うつ病の連続性，児童期・青年期・成人

期の抑うつの連続性，あるいは DSM にあるような大うつ病と気分変調性障害の連続性に関しては，いまだ一致した見解は得られていない。それらが，本質的に異なるのかどうかについては議論の分かれるところである。したがって，質問紙を用いた抑うつ症候群に関する研究の結果をうつ病の人に一般化できるのか，成人を対象とした抑うつ研究の結果を児童・青年に適用できるのか，あるいはその逆が可能なのかどうかに関しては，今後の実証研究の積み重ねを待たねばならない。

わが国独自の問題としては，診断基準の問題がある。本章では，うつ病の診断基準として世界的に用いられている DSM-Ⅳ を取り上げたが，日本の精神医学においては必ずしも DSM の診断基準を用いているわけではない。内因性うつ病（遺伝的資質が大きく関与しているうつ病）と心因性うつ病（神経症性うつ病や反応性のうつ状態）といった成因論的視点の診断基準と，DSM のような操作的な診断基準を併用している人が多いという（村田,1992）。また，児童期の抑うつの存在に対する考え方がある。先述したように，DSM-Ⅳ では，成人の診断基準を用いて児童期の診断も可能であるとされている。しかし，児童期特有の症状が存在するとの考えが，わが国の精神医学においては多いようである（中根,1990）。したがって，わが国においては，児童・青年期の抑うつの，欧米の研究結果と比較可能な実証研究の実施が妨げられているという実情がある。

しかし，村田らや高倉らの研究にみられたように，抑うつ気分あるいはそれに不随する症状を示す児童・青年がわが国においても相当数みられることは事実である。予防や介入も視野にいれた研究が，今後は必要となってくるであろう。

**参考文献**

Adrian,C.,& Hammen,C. 1993 Stress exposure and stress generation in children of depressed mothers. *Journal of Consulting and Clinical Psychology*,61, 2, 354-359.

Allgood-Merten,B.,Lewinsohm,P.M.,& Hops, H. 1990 Sex differences and adolescent depression. *Journal of Abnormal Psychology*,99, 55-63.

Altman, E.O.,& Gotlib,I.H. 1988 The social behavior of depressed children: An observational study. *Journal of Abnormal Child Psychology*, 16, 29-44.

American Psychiatric Association 1994 *Diagnostic and Statistical Manual of mental Disorders* (4th ed.). Washington, DC:Author.
Anderson,J.C.,Williams,S., McGee,R., & Silva,P.A. 1987 DSM-Ⅲ disorders in preadolescent children : Prevalence in a large sample from the general population. *Archives of General Psychiatry*, 44, 69-76.
Asarnow,J.R., & Carlson,G.A. 1986 Depression self-rating scale: Utility with child psychiatric inpatients. *Journal of Consulting and Clinical Psychology*, 53, 491-499.
Asamow, J.R. & Bates, S. 1988 Depression in child psychiatric inpatients ; Cognitive and attributional patterns. *Journal of Abnormal Child Psychology*, 16, 601-615.
Burke,K.C., Burke,J.D.,Rae,D.,& Regier,D.A. 1991 Comparing age at onset of major depression and other psychiatric disorders by birth cohorts in five US community populations. *Archives of General Psychiatry*, 48, 789-795.
Carlson, G.A., & Kashani, J.H. 1988 Phenomenology of major depression from childhood through adulthood: analysis of three studies. *American Journal of Psychiatry*, 145, 1222-1225.
Chambers, W.I., Puig-Antich, J., Hirsch, M., Paez, P., Ambrosini, D.I., Tabrizi, M.A., & Davies, M. 1985. The assessment of attective disorders in children and Adlescents by semistructures interview : Test-retest reliability. *Archives of General Psychiatry*, 42, 696-702.
Compas,B.C., Ey,S., & Grant,K.E. 1993 Taxonomy, assessment, and diagnosis of depression during adolecence, *Psychological Bulletin*, 114, 2, 323-344.
Conners, C.K. 1973 Rating scales for use in drug studies with children. *Psychopharmacology Bulletin*. Special Issue: Pharmacotherapy with Children, 24-84.
Costello,E.J., Costello,A.J., Edelbrock,C., Burns,B.J., Dulcan,M.K., Brent,D.,& Janiszewski,S. 1988 Psychiatric disorders in pediatric primary care: Prevalence and risk factors. *Archives of General Psychiatry*, 45, 1107-1116.
Cross-National Collaborative Groupe 1992 The Changing rate of major depression: Cross-national comparisons. *Journal of the American Medical Association*, 268, 3098-3105.
Eckert,E.D., Goldberg,S.C., Halmi,K.A., Casper,R.C.,& Davis,J.M. 1982 Depression in anorexia nervosa. *Psychology medicine*,12, 115-122.
Forehand,R., Brody,G.H., Long.N.,& Fauber,R. 1988 The interactive influence of adolescent and maternal depression on adolescent social and cognitive functioning. *Cognitive Therapy and Research*, 12, 341-350.
Garber,J., Kriss,M.R., Koch,M.,& Lindholm,L. 1988 Recurrent depression in adolescents: A follow-up study. *Journal of the American Academy of Child and Adolescent Psychiatry*, 27, 49-54.
Haley,G.M., Fine,S., Marriage,D., Moretti,M.M.,& Freeman,R.J. 1985 Cognitive bias and depression in psychiatrically disturbed children and adolescents. *Journal of Consulting*

*and Clinical Psychology*, 53, 535-537.

上林靖子・中田洋二郎・藤井和子・北　道子・生地　新・森岡由紀子・渡辺由里・十束支朗・斉藤万比古・佐藤至子・梶山有二　1991　厚生省「精神・神経疾患研究委託費」2指-15 児童・青年期における行動・情緒障害の成因と病態に関する研究平成2年度研究報告書　55-65.

Kandel ,D.B., & Davies, M. 1982 Epidemiology of depressive mood in adolescents, *Archives of General Psychiatry*, 39, 1205-1212.

Kashani,J.H., Carlson,G.A., Beck,N.C., Hoeper, E. W., Corcoran, C. M., McAllister, J. A., Fallahi, C., Rosenberg, T. K.,& Reid, J. C. 1987 Depression, depressive symptoms, and depressed mood among a community sample of adolescents. *American Journal of Psychiatry*,144, 931-934.

笠井　仁　1996　うつ状態と不登校　児童心理, 50, 8, 796-800.

Kovacs,M. 1980 Rating scales to assess depression in school-aged children. *Acta Paedopsychiatrica*, 46, 305-315.

Kovacs,M., Feinberg,T.L., Crouse-Novak,M.A., Paulauskas,S.L., & Finkelstein, R. 1984 Depressive disorders in childhood ; I. A longitudinal Prospective study of characteristics and recovery. *Archives of General Psychiatry*, 41, 229-237.

Kovacs, M., Akiskal,H.S., Gatsonis,C.,& Parrone, P.L. 1994 Childhood-onset dysthymic disorder: Clinical features and prospective naturalistic outcome. *Archives of General Psychiatry*, 51, 365-374.

Kovacs,M., Gatsonis,C., Paulauskas,S.L., & Richards,C. 1989 Depressive disorders in childhood: Ⅳ. A longitudinal study of comorbidity with and risk for anxiety disorders. *Archives of general Psychiatry*, 46, 776-782.

Larson,R.W., Raffaelli,M., Richards,M.H., Ham,M.,& Jewell,L. 1990 Ecology of depression in late childhood and early adolescence: A profile of daily states and activities. *Journal of Abnormal Psychology*, 99, 92-102.

Lewinsohn, P.M., Hoberman, H.M., & Rosenbaum, M. 1988 A prospective study of risk factors for unipolar depression. *Journal of Abnormal Psychology*, 97, 251-264.

Lewinsohn,P.M., Hops. H., Roberts,R.E., Seeley,J.R., & Andrews,J.A. 1993 Adolescent psychopathology: I. Prevalence and incidence of depression and other DSM-Ⅲ-R disorders in high school students. *Journal of Abnormal Psychology*, 102, 133-144.

向井隆代 1996 青年期における身体像不満足感，食行動，および抑うつ気分　カウンセリング研究,29,1,37-43.

村田豊久・堤　龍喜・皿田洋子・中庭洋一・小林隆児 1989 児童・青年期の抑うつ状態に関する臨床的研究；Ⅱ.CDI を用いての検討.厚生省「精神・神経疾患研究委託費」63公-3 児童・青年期精神障害の成因及び治療に関する研究昭和63年度研究報告書　69-76.

村田豊久・皿田洋子・堤　龍喜・新保友貴・中庭洋一・小林隆児　1990　児童・青年期の抑うつ状態に関する臨床的研究；Ⅲ，中学生における抑うつ傾向．厚生省「精神・神

経疾患研究委託費」63公―3 児童・青年期精神障害の成因及び治療に関する研究報告書，57-66.

村田豊久 1992 青年期のうつ病 こころの科学,44,79-84.

中根充文 1990 うつ病:児童期・青年期を中心に 医歯薬出版

Nolen-Hoeksema,S.,& Girgus,J.S. 1994 The Emergence of gender differences in depression during adolescence. *Psychological Bulletin*,115,3,424-443.

Petersen,A.C., Sarigiani,P.A.,& Kennedy,R.E. 1991 Adolescent depression: Why more girls? *Journal of Youth and Adolescence*, 20, 247-271.

Puig-Antich,J., Lukens,E., Davies,M., Goetz,D., Brennan-Quattrock, J.,& Todak,G. 1985 Psychosocial functioning in prepubertal major depressive disorders: Ⅰ. Interpersonal relationships during the depressive episode. *Archives of General Psychiatry*, 42, 500-507.

Rie,H.E. 1966 Depression in childhood : A survey of some pertinent contributions. *Journal of the American Academy of Child Psychiatry*, 5, 653-685.

Roberts,R.E., Lewinsohn,P.M.,& Seeley,J.R. 1991 Screening for adolescent depression: A comparison of depression scales. *Journal of the American academy of Child and Adolescent Psychiatry*, 30, 58-66.

Rutter,M. 1989 Isle of Weght revisted: Twenty-five years of child psychiatric epidemiology. *Journal of the American Academy of Child and Adolescent psychiatry*, 28, 633-653.

Ryan,N.D., Puig-Antich,J., Ambrosini, P., Rabinovich,H., Robinson, D., Nelson, B., Iyengar, S., & Twomey, J. 1987 The clinical picture of major depression in children and adolescents. *Archives of General Psychiatry*, 44, 854-861.

坂本真士 1997 自己注目と抑うつの社会心理学 東京大学出版会.

Seligman, M.E.P., Peterson, C., Kaslow, N.J., Tanenbaum,R.L., Alloy,L.B.,& Abramson,L.Y. 1984 Attributional style and depressive symptoms among children. *Journal of Abnormal Psychology*, 93, 235-241.

Siegle,J.M. & Brown,J.D. 1988 A prospective study of stressful circumstances, illness symptoms, and depressed mood among adolescents. *Developmental Psychology*, 24, 715-721.

高木隆郎 1980 児童期躁うつ病：現代精神医学大系第17巻B：児童精神医学Ⅱ. 中山書店 39-51.

高倉 実・平良一彦・新屋信雄・三輪一彦 1996 高校生の抑うつ症状の実態と人口統計学的変数との関係. 日本公衆衛生雑誌,43,8, 615-623.

Verhulst,F.C.,& Van der Ende, J. 1992 Six-years development course of internalizing and externalizing problem behaviors. Journal of the American Academy of Child and Adolescent Psychiatry, 31, 924-931.

Whitaker,A., Johnson, J., Shaffer,D., Rapoport,J.L., Kailkow, K., Walsh,B.T., Davies,M., Brainman, S.,& Dolinsky,A. 1990 Uncommon troubles in young people: Prevalence estimates of selected psychiatric disorders in a nonreferred adolescent population. *Archives of General Psychiatry*, 47, 487–496.

# IX 進路指導の理論

## 1. 進路選択の代表的理論

　進路指導の研究は，職業指導運動が始まった1900年の初頭に端を発し，その後さまざまな歴史的変遷を経て現在に至る。ここでは，関連する諸理論のなかから，わが国の進路指導や職業指導が強く影響を受けてきたアメリカの理論を中心としてその概要を紹介していく。

### (1) 特性・因子理論

　職業指導運動が始まった1900年代の初期にパーソンズ（Persons, F.）によって提唱された概念で，1940年代まで職業指導の実績を支えてきた。パーソンズはその著書『職業の選択』のなかで，職業選択の過程に3つの段階を設定している

① 適性，能力，興味，希望，資質，限界など自分自身について明確に理解する

② さまざまな職業について必要な資格，成功のための条件，利点と不利な点について知識を得る

③ 上記①と②の関連性について合理的な推論を行なう

　パーソンズはこれら3つの段階を経て賢明な職業選択が行なわれると説明している。この理論では，職業指導の焦点が「選択」におかれており，個人の興味や能力にうまく合致（マッチ）した職業を選択することで理想的な職業選択が達成され，その後の職業適応も良好になるという立場にあることから，マッチング理論（matching theory）ともいわれる。別の表現を用いれば「丸いクギは丸い穴へ，四角いクギは四角い穴へ」といい表すことができる。このように職業選択で能力や適性といった個人要因を重視する特性・因子理論の概念は，

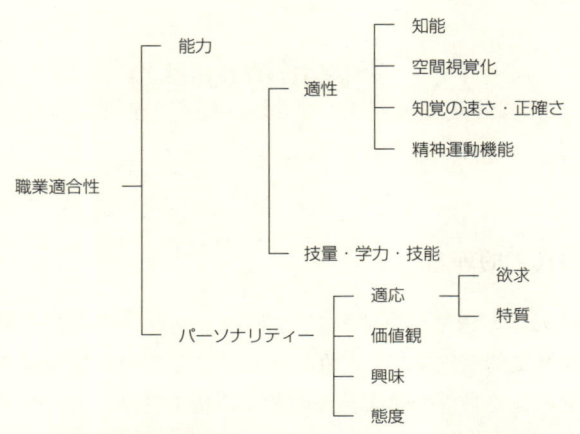

```
                          ┌─ 知能
                   ┌─ 適性 ┼─ 空間視覚化
             ┌─ 能力┤      ├─ 知覚の速さ・正確さ
             │     │      └─ 精神運動機能
             │     │
職業適合性 ─┤     └─ 技量・学力・技能
             │
             │                    ┌─ 欲求
             │              ┌─ 適応┤
             │              │     └─ 特質
             └─ パーソナリティー┤─ 価値観
                            ├─ 興味
                            └─ 態度
```

**図9-1 職業適合性の分類** (Super, D. E., 1969 日本職業指導協会)

精神測定運動の活発化とあいまって1950年頃までに急速に発展し定着した。スーパー (Super, D,E.) は，職業選択やその後の適応にかかわる個人要因を職業適合性として概念化し，図9-1のように整理している。

1950年代に入ると，特性・因子理論は，以下のような点について指摘を受けるようになり，その不充分な箇所を補足・修正する形でさまざまな理論が展開された。

① 丸いクギは丸い穴へという適材適所主義に固執しすぎている
② 人と職業の関係を一時点でしかも静的，固定的にしかとらえていない
③ 個人要因だけでなく社会的・環境的要因も含めて考察する必要がある

(2) **職業的発達理論**

ギンズバーグ (Ginzberg, E.) はその著書『職業選択』で，職業選択を個人と現実の相互作用による発達的過程としてとらえ，空想期，試行期，現実期という3つの段階を設定し考察している。10歳までの空想期には，現実的な制約を考えず欲求を直接満足させるような職業を選び，11～17歳までの試行期は，興味，能力，価値，移行の4段階を経て将来の職業選択の基礎が形成される。18～24歳の現実期には，探索，結晶化，特殊化の3段階を踏んで現実的

要因を考慮に入れた職業選択が行なわれる。ギンズバーグは，このような職業選択の過程を，一度行なわれると途中で変更したり逆戻りすることのできない非可逆的なプロセスとして特徴づけている。

同じく職業的発達を非可逆的で力動的なプロセスとしてとらえたスーパー (Super, D. E.) は，自己概念の発達と受容，現実吟味の過程に，成長，探索，確立，維持，下降の5つの段階を設定し，発達の過程で達成されるべき12の命題を設けている。この理論は，青年期以前から形成されている自己概念が，青年期に明確になり，職業的用語によって置き換えられる一連の過程に注目していることから，自己概念理論とも呼ばれている。また，心理学，社会学，経済学などさまざまな学問分野の成果を取り入れた学際的視点にたった理論であると評価できよう。

(3) パーソナリティー理論

**精神分析学的理論**

精神分析学の立場では，自我防衛機制としての昇華のメカニズムを用いて職業選択行動を説明している。昇華とは，社会的に認められない本能的な欲求が，社会的に受容されるような形で発動される現象である。たとえば，サディスティックな内的欲求をもつ者が，外科医や格闘家またそれに類した職業につくケースなどが考えられる。ブリル (Brill, A.A.) は，人間の行動を支配するものとして快楽原則と現実原則があり，この両者を結びつけることで可能となる行動領域のひとつに職業選択をあげている。快楽原則とは，将来のことを考えず現時点での欲求充足を優先しようとするもので，現実原則は，現時点での欲求を犠牲にして将来的な満足を得ようとするものである。たとえば，法律の分野を職業として選択するということは，現在も法律を学ぶ者に相応した地位をもつと同時に，必要な勉学や試練に耐え，将来的に得られるであろう社会的，経済的地位を期待するということになる。このように精神分析学的な立場では，進路選択を人格発達の一側面としてとらえており，進路選択に関する問題が生じるのは，個人の人格的発達に問題があるためと考えている。

### ローの早期決定理論

臨床心理学者のロー (Roe, A.) は，自然科学者と社会科学者を比較したところ，その人格特性にかなりの相違があることを見出し，その相違が幼児期における親の養育態度に起因すると説明している。ローは，親の養育態度を以下の3つに大別し，人格特性が形成されるときの主たる決定要因は，家庭の雰囲気，親の態度や援助にあるとしている。

① 親の関心が直接的に子供に作用し，過保護や欲求過剰といったかたちをとる
② 親が子供に関心をはらわず，拒否や放任という態度によって示される
③ 親が子供に関心をはらうか否かは別にしても，子供に対して受容的な態度を示す

このような養育態度と職業選択の関係として，たとえば，保護的で受容的な愛情を受ける家庭環境からは，対人関係を志向するサービス業に就く者が多くみられること，拒否，無関心といった養育態度のもとでは，対人的かかわりの少ない自然科学・技術の仕事に就くものが多くなることがあげられる。このような考え方の理論的根拠は，実証的研究によって明らかにされたとはいえないが，親の養育態度を職業選択と結びつけて検討するという視点は新しく，また，マズロー (Maslow, A.) の欲求段階説を取り入れて理論的構築を行なっている点は実に独特で，後につづく多くの研究を刺激したことは評価できる。

### ホランドの類型学的理論

ホランドは，さまざまな機関における職業カウンセラーとしての経験や，職業興味検査，職業適性検査の作成を通じて独自の職業選択理論を展開した。この理論は，個人のパーソナリティーと職業環境を共通する6つのタイプに類型化しており，さまざまな実証的研究を経て，現在多くの進路指導や職業指導の実践で活用されている。本章では，ホランドの理論について別に節を設けて詳細を述べる。

### 意思決定理論

意思決定理論は，個人が選択を行なう決定的な時期に焦点をあて，決定に際

して考慮する要因や手順について概念化したものである。ヒルトン（Hilton, T. L.）は，フェスティンガーの（Festinger, L.）の認知的不協和の理論を取り入れて，複雑な意思決定過程の心理的メカニズムを明らかにしている。認知的不協和の考え方によれば，個人の態度，役割，価値観，意識といった事柄について，それらの間に矛盾や不一致が存在する場合，それらをできるだけ低減させるような方向で動因が働くとされている。個人の意思決定の過程は，「前提」と「環境からの入力」によって開始される。勤務条件，仕事内容など職業を選択する際の前提と，希望職業の入力との不協和がテストされ，両者の間の不協和が一定以上になると，前提としての希望条件を変更するか，別の職業を入力するかによって不協和の低減が図られる。このようなヒルトンの理論に従えば，進路指導場面における援助や介入では，不協和を低減・増加させる要因は何であるのかを特定すること，不協和を低減するための方策をみつけ出すことに重点がおかれることになる。

　一方，ジェラット（Gelatte, H. B.）は，意思決定者と2つ以上の選択肢が存在するところに意思決定過程が生じると考え，進路選択過程に関するモデルを提示している。ジェラットのモデルでは，意思決定過程に調査的な決定と最終的な決定があり，前者の場合は最終的な決定が行なわれるまでサイクルとなり繰り返される。この過程に用いられる方策として次の3段階が含まれている。

① いくつかの選択肢について，その成功の可能性を予測する
② 個人の価値システムに照らして結果の望ましさを評価する
③ 評価基準をあてはめて行動を選択する

意思決定の過程では，結果の予測（①）や，望ましさ（②）について，入手可能な情報にもとづき判断することが必要となるが，ジェラットらは，できるだけ客観的な情報を用いて評価や判断を下すよう援助・介入を行なうことが重要なポイントになるとしている。

## 2．ホランドの職業選択理論

　本節では，これまでに紹介してきた進路選択に関する諸理論のなかから，豊

富な実証的データが報告され，進路指導活動をささえる理論としてその主流をなしてきたホランドの理論の詳細について紹介していく。ホランドの理論は，わが国における進路指導や職業指導の実績活動でも適用されており，彼の作成した Vocational Preference Inventory（VPI，職業興味検査）と，Self-Directed Search（SDS，職業適性自己診断テスト）の邦訳版が広く利用されている。

　ホランドは，教育機関や軍隊，医療機関でカウンセラーとして職業相談に携わった経験をもとに職業選択理論を構築した。ここでは，個人の職業選択を促進させ，その後の適応に影響を及ぼす要因，逆に職業選択を抑制し，その後の適応を妨げる要因を特定することによって，進路に関する問題をかかえた者を援助する際に役立つ理論の構築が意図されている。ホランドは，個人と環境そしてそれらの相互作用について，4つの仮定を設けている。まず第1に，人は現実的，研究的，芸術的，社会的，企業的，慣習的パーソナリティータイプのうちいずれかに分類される。これらのパーソナリティーは，個人がもつ傾性と，両親，友人，社会的階層，経済的・物理的要因といった環境要因との相互作用のなかで形成される。第2に，人が生活している環境も同様に現実的，研究的，芸術的，社会的，企業的，慣習的の6タイプに分類でき，それぞれの環境は同一のパーソナリティーをもつ人によって大半が占められている。つまり，現実的環境には現実的パーソナリティーの人が，研究的環境には研究的パーソナリティーの人がもっとも多く属している。第3に，人は自分の価値観を実現でき自己の技術や能力を最大限に活かせる環境を選択する傾向がある。第

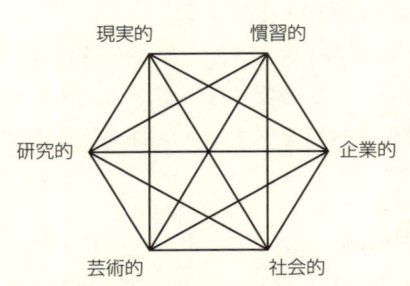

**図9-2　各タイプの位置づけ**（ホランド，J. L., 1985）

4として，職業選択や転職などの行動は，パーソナリティーと環境の相互作用によって決定される。ホランドは，このような理論的仮定をもとに，各職業の職務内容や環境を記述・分析し，パーソナリティータイプに対応した6つの環境タイプの組み合わせパターンにより職業を分類している。

### パーソナリティータイプ

① 現実的タイプ（Realistic Type）：機械や物，生物を対象とした具体的で実際的な活動を好む。道具や機械を組み立てたり，修理したり，操作したりという作業を得意とし，逆に，人と接触したり奉仕するような社会的活動を苦手とする。
（職業例：航空整備士，動物飼育士，測量工，機械工）

② 研究的タイプ（Investigative Type）：調査や観察によって未解決な現象を解明するような索的活動を好む。幅広い資料や情報を収集したり，得られたデータを分析して傾向を予測するような作業を得意とし，組織の運営や経営・企画といった企業的活動は苦手とする。
（職業例：医療研究者，科学者，技術者，システム・エンジニア）

③ 芸術的タイプ（Artistic Type）：音楽，美術，文芸など芸術的な作品を創造し表現する活動を好む。美術品やオブジェをデザインしたり作詞，作曲，演奏といった作業を得意とし，事務的，慣習的な活動は苦手とする。
（職業例：作家，俳優，音楽家，デザイナー，舞台演出家）

④ 社会的タイプ（Social Type）：人に接したり奉仕したり教育訓練したりといった活動を好む。人の相談にのったり，店頭で販売したり，学校で教えるなど人を対象とする作業を得意とし，機械や物を対象とする現実的な活動は苦手とする。
（職業例：看護婦(士)，教員，カウンセラー）

⑤ 企業的タイプ（Enterprise Type）：組織目標の達成や利益取得のために戦略をたてたり，交渉したり，リーダーシップをとるような活動を好む。仕事計画をたてたり，人に指示を与えたり，説得したりといった活動を得意とし，科学的，研究的活動は苦手とする。

(職業例:弁護士,セールスマン,会社役員,報道ディレクター,ツアーコンダクター)

⑥ 慣習的タイプ (Conventional Type):定まった規則に従い単純な繰り返しを含むような活動を好む。図書や書類の整理,校正,会計などを得意とし,芸術的な活動は苦手とする。
(職業例:会計士,事務員,司書,現金出納係)

　ホランドが類型化した6つのパーソナリティータイプを頂点とする正六角形が図9-2である。各タイプの関連性の強さは,頂点と頂点の距離に反比例する。つまり,隣接する現実的—慣習的,企業的—社会的,芸術的—研究的といったタイプの組み合わせは,互いに関連性が深いことを示す。また,現実的—企業的,社会的—研究的,芸術的—慣習的など1つおいて隣になるタイプの組み合わせは,隣接する組み合わせに比して関連性が弱くなる。一方,現実的—社会的,慣習的—芸術的,企業的—研究的など対角線上にあるタイプの組み合わせは,互いの関連性がかなり弱いことを意味する。

　このような人格型がどのように発達するかについてのメカニズムを図9-3

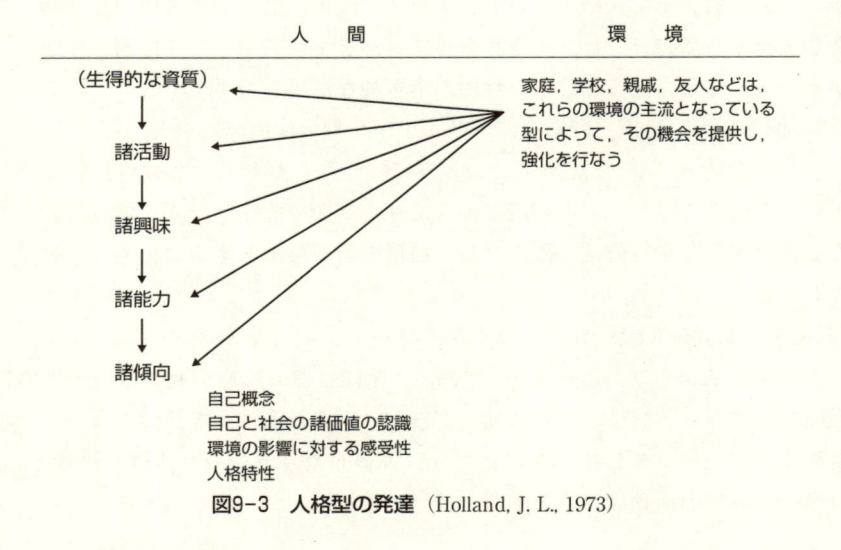

| 人　間 | 環　境 |
|---|---|
| (生得的な資質)<br>↓<br>諸活動<br>↓<br>諸興味<br>↓<br>諸能力<br>↓<br>諸傾向<br>　自己概念<br>　自己と社会の諸価値の認識<br>　環境の影響に対する感受性<br>　人格特性 | 家庭,学校,親戚,友人などは,これらの環境の主流となっている型によって,その機会を提供し,強化を行なう |

**図9-3　人格型の発達** (Holland, J. L., 1973)

に図示した。人格型を形成する要因としてまず家庭環境からの影響が考えられる。たとえば，現実型タイプの親は，家庭の内外においてそのような活動に従事し，現実型タイプの人間と交流し，その型の活動に関連した物を所有する傾向が強いであろう。そのような環境下における子どもの生得的な資質は，まず，ある種の活動に関する好みや関心として現れ，やがては外的な報酬なしにその活動自体によって満足感が内発する興味へと発展する。さらに，興味ある活動への従事は特定の能力の発達につながり，個人の傾向を形成する。

　ホランドの職業選択理論の特色としてまず，職業選択をパーソナリティーの1側面としてとらえていることがあげられる。それまでの研究では，職業に対する態度や興味を，パーソナリティーとは異なる独立した1つの側面としてとらえたものが多くみられた。しかしながら，職業選択とその後の定着率や業績が，個人要因と環境要因に影響を受けることに着目したホランドは，職業興味をパーソナリティー表現と考え，自己の作成したVPI職業興味検査（vocational preference inventory）をパーソナリティーテストの1つとして位置づけた。またホランドは，個人は自分の能力や技術が発揮でき，自分の特性に合致する環境をもとめる存在と考えており，適切な職業をもとめて積極的に働きかける存在として個人を位置づけた点も特徴的といえる。

### 参考文献

Bordin, E. S. *et al.* 1963 An articulated framework for vocational development. *Journal of counseling Psychology*, 10, 107-116.

Gelatte, H. B. 1962 Decision-making: A conceptual frame of reference for counseling. *Journal of counseling psychology*, 9, 240-245.

Ginzberg, E. *et al.* 1951 *Occupational Choice : An approach to a general theory.* Columbia University Press.

Hilton, T. J. 1962 Career decision-making. *Journal of counseling psychology*, 9, 291-298.

Holland, J. L. 1973 *Making vocational choices: a theory of careers.* Englewood Cliffs, N.J.: Prentice-Hall.

Holland, J.L. 1985 *Making vocational choices: a theory of vocational personalities and work environments*, 2nd ed. Englewood Cliff, NJ: Prentice-Hall.

Persons, F. 1909 *Choosing a Vocation.* Houghton Mifflin.

Roe, A. 1957 Early determinants of vocational choice. *Journal of counseling psychology*, 4,

212-217.
Super, D. E. *et al.* 1957 *Vocational development : A framework for research.* Teachers College. Columbia University.
Super, D. E. 1969 職業的発達理論の研究 「職業研究指導セミナー報告書」 日本進路指導協会
スーパー,D.E. 日本職業指導学会（訳） 1960 職業経歴と職業的発達 誠信書房
ホランド.J.L. 雇用職業総合研究所（訳） 1985 VPI職業興味検査手引き 日本文化科学社
ホランド.J.L. 武田正信・森下高治（訳） 1981 SDS職業適性自己診断テスト手引き 日本文化科学社
小竹正美・山口政志・吉田辰雄 1988 進路指導の理論と実際 日本文化科学社
仙崎 武・野々村新・渡辺三枝子 1991 進路指導論 福村出版
渡辺三枝子・松本純平・舘 暁夫 1990 職業選択の理論 雇用問題研究会

# X 教師のストレス―バーンアウト―とメンタルヘルス

## 1. むしばまれる教師の「心の健康」

### (1) 教師をめぐる環境

　近年，児童生徒のいじめ，不登校，非行などの問題行動は増加，深刻さを増す一方である。さらに現在，子どもたちをとりまく問題は「ある一部の問題のある児童生徒」に限られるものではなく，「キレる子どもたち」「学級崩壊」の言葉に代表されるように，子どもたち全体を取りまく大きな社会問題となってきている。このような子どもの心の健康，あるいは学校教育に関する問題は社会の緊急課題としてさかんに注目を集め，その対策が議論されているところである。そんななかで日々こうした問題に直面する教師たちは，大変ストレスフルな状況にあることが想像できる。とくに「学級崩壊」に直面し，落ち着きなく歩き回る子どもたちのなかでなんとかよい授業をしようと奮闘する教師や，本来の学級指導の他に，不登校や学業不振に悩む生徒にも個別に対応しようと努力する教師などは非常に多忙であり，なんとか現状を改善しようと日々悩んでいることであろう。

　しかしながら，教師の「心の健康」の問題は子どものそれと比べて表面化しにくいと考えられる。これには久冨（1995）が指摘するように，教師には「熱心さ」を価値とし，生徒に献身的にかかわることが「良い教師」として評価されるような風潮があることが1つの理由として考えられる。児童・生徒の問題が噴出しているときにはそれに専心し，自らの問題に気づかない，あるいは気づいていても「熱心な教師」は自分が苦しい状況にあることを声高に叫ぶことをためらうかもしれない。しかし教師の「心の健康」の問題は，教師の職場適応や心身の健康を阻害するだけではなく，教師の指導能力を低下させ，児童・

生徒の教育や学習効果に影響を与えることが考えられる。よって，学校において「心の健康」—すなわち「メンタルヘルス」を取りあげる際には児童・生徒のみならず，教師についてもともに考えなくてはならないであろう。

(2) **教師の精神疾患—その現状と特徴—**

これまで述べてきたように「教師の心の健康」は表面化しにくい性質ではあるものの，昨今の状況ではそれをはるかにしのぐ勢いで教師の心の健康をむしばんでいる。それをもっとも明確に表しているのは，教師の精神疾患の増加である。

文部省の調査によれば，教師の病気休職者のうち精神疾患による休職の割合は，1980年18%，85年28%，90年27%そして96年には36.5%に上っている。すなわち，病気休職者のうち3人に1人以上が精神疾患が原因ということになるのである。このような急激な増加の背景には木島（1996）が指摘するように，社会全体の風潮として精神疾患および受診の増加があることも関係しているかもしれない。しかしそれを考慮に入れてもなお，精神疾患にかかる教師の急激な増加は注目に値するであろう。

教師にみられる精神疾患の種類について中島（1998）は，ICD-10の分類によれば「気分(感情)障害」（いわゆるうつ病などを含む），「神経症性障害，ストレス関連障害および身体表現性障害」が多く，これらで全体の約7割を占めており，これは教職以外の一般就労者と似た結果であるとしている。また教師の精神疾患の特徴としては，比較的軽症であっても顕在化しやすいといわれているが，それは企業などのように他の職務をあてがうことができないためと考えられる。一方，小・中・高等学校などの学校種別や年代別による明らかな特徴の違いはみられないが，いわゆる指導困難校などでは高い抑うつ状態にある人が多いという結果もあり，教師の精神疾患を考える際には教師個人の資質だけではなく，学校現場の環境要因を考慮に入れることが重要であると考えられている。

## 2. 教師のストレス―バーンアウト―

### (1) 教師のストレス

　教師の精神疾患の増加の背景には，環境的な要因が大きく関連していることを考えると，昨今の状況からは休職するほどではないが，それに近い状態の教師が数多くいることが考えられる。精神疾患までは至らなくとも，日々のストレスに悩み，また今後の心身の健康や教師としてのキャリアに不安を抱いている教師は無数にいるものと推測される。教師の「メンタルヘルス」を考えるには，このような多くの教師を取りまくストレスを明らかにすることが必要であり，それは今後精神疾患に発展する可能性のある人々に早期発見や予防を促すという意味でも有効であろう。

　「ストレス」はすでに日常的に使われている語であるが，もとはセリエの提唱した概念であり，「なんらかの外力によって心理的，身体的に歪みを生じた状態」のことである。人間はなんらかの圧力が加わったときに，心や身体が防御的に反応するのであり，その防御に至る過程が「ストレス」である。さらにLazarus & Folkman (1991) はストレスを主観的なものとしてとらえ，個人がストレスとなる出来事を認知し，評価する過程を重視している。すなわち，原因となる出来事（ストレッサー）を個人がストレスと認知・評価し，これに対処しようとするが，対処しきれずまたは失敗したときに心身に歪みが生じるのである。

　この心身の歪みは緊張，欲求不満，不安，怒り，抑うつといった不快な情動，また自信喪失，無気力などの意欲や思考力の低下，そして対人的依存やひきこもりなど対人面などへの心理的反応（新名,1994）や，慢性疲労や身体的不調などの身体的反応となって現れてくる。さらに，このような「歪んだ」状態が長くつづくことによって「心身症」などを引き起こす可能性もあるのである。

　「心身症」とは日本心身医学会の定義によれば「心身症とは身体疾患の中で，その発症や経過に心理社会的因子が密接に関与し，器質的ないし機能的障害の認められる病態」である（山下,1997）。この「心理社会的因子の関与」とは心

表10-1 主な心身症（内山ら，1988より作成）

| | |
|---|---|
| 循環器系 | 本態性高血圧症，不整脈など |
| 消化器系 | 消化性潰瘍，過敏性腸症候群，潰瘍性大腸炎など |
| 呼吸器系 | 気管支喘息，過換気症候群，神経性咳など |
| 神経系 | 自律神経失調症，偏頭痛など |
| 代謝内分泌系 | 神経性食思不振（過食症），甲状腺機能亢進症，糖尿病など |
| 筋肉・骨格系 | チック，書痙，腰痛，慢性関節リウマチなど |
| 皮膚系 | 神経性皮膚炎，円形脱毛症，湿疹など |
| 泌尿器系 | 神経性頻尿，夜尿症など |

理・社会的刺激による「ストレス」の加わった状態ということができる。この「心身症」という病態には数多くの種類の症状や病気があてはまるが，代表的なものには胃・十二指腸潰瘍，高血圧，気管支喘息，甲状腺機能亢進症，神経性皮膚炎などがあげられる。（表10-1）

　この表より普段われわれが発する多くの症状がストレスによってもおきるということがわかる。もちろんこれらの症状はすべてがストレスが原因となって生じるものではないが，発症に心理・社会的要因が大きくかかわっているものを「心身症」というのである。いずれもいったん発症すると身体に深刻な影響を与えうるものであり，さらに治療には身体，精神両面での治療が必要となる。またひとたびなってしまうと生理的・環境的変化や，たとえば「発作が起きるのではないか」といった予期不安，暗示，条件反射などによっても症状の再発や悪化を来しやすい（山下,1997）ものだけに，ストレスを「気のもちよう」などと軽視することのないように注意する必要があろう。

　このようなストレスのなかでとくに「教師のストレス」について，Kyriacouら（1978）は「教師として働くことによって経験する怒りや抑うつなどの不快な感情としての反応症候群」と定義しており，欧米では実証的研究もさかんに行なわれている。教師にストレスをもたらす特徴的な要因については後に詳述するが，学校現場において教師は児童・生徒，同僚，管理職，保護者などさまざまな人間関係のなかで仕事をしており，そのなかで葛藤している

ことが考えられる。また，仕事の過重な負担のなかで自分の思うような仕事ができず，それが精神的・身体的脅威となっていることが考えられている。

(2) バーンアウト(燃え尽き症候群)とは

ストレスのなかでも教師，医師や看護婦，あるいは近年増加している介護職など，教育・医療・福祉といった領域での対人専門職（ヒューマンサービス職）を中心に，かれらの心身の健康やキャリアを阻害するものとして取り上げられているのが『バーンアウト（燃え尽き症候群）』である。

『バーンアウト（燃え尽き症候群）』は，モーターや電球などが「焼き切れた（Burnout）」という語が転じたもので，それまで一生懸命何かに打ち込んできた人が，あるとき急に無気力になるような状態を表している。精神科医Freudenburger (1974) が，精神障害者の社会復帰施設に従事するボランティアを観察し，理想主義的で献身的に努力する彼らが，期待するような達成感が得られずに疲労消耗し，感情の否認，さらに頭痛，不眠などの身体症状を起こしている状態を「バーンアウト（Burnout）」と名づけたのが始まりである。その後，社会心理学者 Maslach & Jackson (1981) は，ヒューマンサービスの従事者が『長期間にわたり人に援助する過程で，心的エネルギーがたえず過度に要求された結果，極度の心身の疲労と感情の枯渇を主とする症候群で，卑下，仕事嫌悪，思いやりの喪失』とこれを定義し，心理学の分野などでさかんに研究が行なわれるようになった。

バーンアウトの症状について Maslach & Jackson (1981) は，『情緒的消耗感』『脱人格化』『個人的達成の減退』の3つをあげている。『情緒的消耗感』とはたとえば「日々の仕事を終えた後，疲れ果てたと感じる」など，仕事により伸びきったあるいは疲れ果てたという感情であり，もう働くことができないという気分（久保・田尾,1991）である。また『脱人格化』とはたとえば「この仕事に就く前よりも人々に対して冷淡になってきた」など，仕事相手に対する否定的で冷淡な感情，そして相手を人というよりも物として扱うような態度変化である。この『脱人格化』はバーンアウトを特徴づける症状でもあり，児童・生徒とのかかわりを第一義とするはずの教師が，児童・生徒に接するのが

苦痛となり人間的なかかわりができなくなってしまう。また，それぞれの個性に応じて対応するはずが機械的に，距離をおいてしか接することができなくなるのである。こうした症状は教師本人にとってはもちろん，児童・生徒にとっても苦痛をもたらすものであり，避けるべき事態である。そして最後に，『個人的達成の減退』はたとえば「この仕事において多くの価値あることがらを成し遂げてきた」と感じられなくなるなど，自分の仕事の達成の満足感をもてず，とくに仕事相手との関係をネガティブに評価することである。

　これら3つの症状は Leiter & Maslach (1988) によれば，最初に『情緒的消耗感』が起き，次に消耗感への対処として『脱人格化』，そして最後に仕事がその人にとって意味を失ったものとして『個人的達成の減退』と進行すると考えられている。そして最終的には身体的な症状や離，転職へと至ることもあるため，これら症状の発生を予防し，また症状が始まった場合には早めにこれを発見し，その進行を止めるための介入を行なうことが重要であろう。

(3) **教師のバーンアウトの実態**

　教師のバーンアウトの実態について，日本でも1980年頃より調査研究が行なわれている。宗像ら (1988) では，教師，医師，看護婦に対してバーンアウトの調査を行ない，バーンアウト状態にあると考えられる教師は全体の41.2％に上っていることが明らかとなった（表10-2）。

　これは医師17～20％，看護婦31.7％と比較してももっとも高い割合となっている。また，木島 (1995) の調査でも山梨県で41.3％，神奈川県で52.5％の教師が，松浦 (1997) の調査では大阪府で58.1％，久冨 (1995) でも54.1％と，バ

表10-2　**職種別にみるバーンアウト状態**（宗像ら，1988より作成）

|  | 高いバーンアウト状態（％） |
|---|---|
| 教　員 | 41.2 |
| 看護者 | 31.7 |
| 内科系医 | 17.9 |
| 外科系医 | 17.2 |
| 精神科医 | 20.7 |

ーンアウト状態，あるいは危険域にある教師は非常に高い割合にのぼっているという結果が示されている。

　教師の属性別にこの結果をみていくと，宗像ら（1988）の中学校教師を対象とした調査では，性別では女性，年齢は20～29歳，経験年数2年未満の比較的若く，経験の少ない群，また家庭に乳幼児が2人以上いる群などが高いバーンアウトを示している。また一方で職務上の背景では，進路指導主任や生活指導主任，特殊学級の担任，非行傾向のある生徒を2人以上もつ担任といった群にバーンアウトを示す者が多いという結果となっている。よって，バーンアウトをしやすい層には大きく分けて①進路指導主任など，学校内で生徒の教育や指導に重い責任や負担を負っている教師層，②責任や負担は少ないが，まだ経験も浅く年齢的にも若い層，③女性で乳幼児がいるなど，学校の仕事と家事や育児との両立に負担をもつ教師層，の3種類があることを指摘している。木島（1995）でもほぼこれと同様の結果となっているが，さらに小学校と中学校では中学校教師の方がバーンアウトを示す人が多いという結果を示している。

　以上より，ヒューマンサービス職のなかでも教師はバーンアウトの傾向が高く，実に半数近くの教師がバーンアウト状態にあると考えられる。さらに個人の属性などによるバーンアウトの特徴も明らかになってきている。しかし，バーンアウトには個人の属性など個人的要因だけではなく，職場である学校の組織あるいは環境的な要因，および「教師」という仕事がもつ本来の性質などが大きく関連していることが指摘されている。教師のバーンアウトの予防・軽減をめざすには，教育の場としての学校のどのような側面が，また「教師」という仕事のどのような側面が教師のバーンアウトの要因となっているのかを検討し，対策を考えることが重要であろう。

## 3. 教師のバーンアウトの背景

### (1) バーンアウト関連要因―①多忙問題

　教師という仕事の特徴としてまず取り上げられるのが教師の「多忙」の問題であり，バーンアウトに関連する要因としての研究も多く行なわれている。久

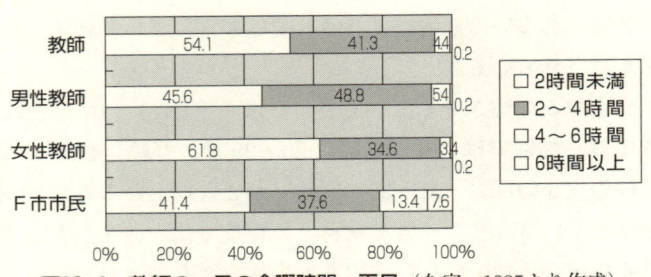

```
                 教師   54.1              41.3        4.4
                              45.6              48.8        5.4
              男性教師                                         0.2
              女性教師         61.8             34.6       3.4
                                                             0.2
              F市市民      41.4          37.6      13.4  7.6
                     0%   20%   40%   60%   80%   100%
```

凡例: □ 2時間未満 ■ 2～4時間 □ 4～6時間 □ 6時間以上

**図10-1　教師の一日の余暇時間・平日**（久冨，1995より作成）

冨（1995）の調査では，平日の余暇時間が2時間未満の教師が54.1%，とくに女性教師では61.8%に上っており，市民平均（41.4%）を大きく上回っている。（図10-1）

そして彼らのうち約70%が多忙感を「強く感じる」と回答しており，「やや感じる」と合わせると実に95%の教師が多忙感を訴えている。渕上（1992）によれば，学校の種類を問わず，教師のほぼ3人に1人は現在の授業時間が「多すぎる」と認識しており，また，「授業の準備・教材作成」「テストの問題作成・採点」「学校行事の準備」などや「職員会議以外の打ち合わせ」「校務分掌の事務処理」などを半数以上の教師が勤務時間を超えて処理していることが明らかとなっている。さらに全体の90%近くは仕事を家庭にもち帰っていることも指摘されている。

このように多忙のなかでも教師たちは，より充実した学校生活を送るために「授業の準備・教材作成」「教材研究」「子どもとの話し合い」などの時間をさらにもっと多くとりたいと考えており，それが思うようにいかずに葛藤している。こうした状況について久冨（1995）は，教師の仕事は仕事の内容・過程ともに「不確実さ」に満ちていると指摘している。すなわち，手抜きをしようと思えばいくらでもできるかもしれないが，やろうとすれば際限なくやるべきことがある。一方で生産や販売など物を介した職業のように，その効果が数量的に目にみえて表されるものでもない。このような不確実さのなかで教師の「多忙」は単なる労働時間の多さにとどまらず，「教材研究」や「子どもとの接触」

など「『一番大事なことが十分できていない』という未達成感をともなう『多忙』なのである」ということが考えられるのである。さらに教師は、生徒との関係を通して自らが「教師にふさわしい人物」であることを示し、信頼と権威を得ていかなくてはならない。しかしそれは生徒によって崩されるかもしれないという教師としての「アイデンティティの不安定さ」や緊張感をかかえており、それがバーンアウトにつながる要因になっていることも考えられている。

一方、松浦（1997）は最近の教師の「多忙化」には「子どもの教育困難」が介在していることを指摘している。最近の児童・生徒たちは「授業に乗ってこない」あるいは「暴力を振るって反抗してくる」といった状態であり、そうしたなかで教師はなんとか授業をよいものにし子どもたちを惹きつけようと努力するが、やってもやっても効果がみえにくく、「消耗と無力感のともなう多忙」を感じるようになってきており、それがバーンアウトにつながる。さらにバーンアウトをすると児童・生徒にかかわる気力を失い、より教育困難な状況に拍車をかけるという悪循環に陥ってしまうのである。

「多忙」な職業は、現在の日本における過労死問題にもみられるように、教師のみに限ったものではないであろう。しかし教師の「多忙」には上記のように、自分が教師としてもっとも重視している仕事が十分にできないという不全感を抱き、教師としてのアイデンティティが常に脅かされる、脅威や無力感をともなった「多忙」なのである。

(2) バーンアウト関連要因—②人間関係

以上のような「多忙」の他に、バーンアウトに関連する要因として取り上げられているのが、「人間関係」である。小島（1999）では、教師の「多忙」もバーンアウトの要因ではあるが、それと同程度に「教師の信頼・協力関係」すなわち「人間関係」が重要であるとしている。

教師を取り巻く人間関係として特徴的なのは、その人間関係の「多様さ・複雑さ」である。教師は、学校内では管理職（校長や教頭）、同僚教師、部門の異なる事務などの職員、学級では児童・生徒に囲まれている。また、学校外でも児童・生徒の保護者を中心としたPTA関係者や地域住民、県や市の教育委員

会関係者などがおり，日々学校内外のさまざまな人間関係にさらされているのである。「バーンアウト」を考えたとき，たとえば看護職においても，病院内で婦長などの上司や同僚，医師や検査技師・薬剤師などの他職種，そして患者や患者家族などさまざまな人間関係に囲まれ，そのなかで起きる葛藤がバーンアウトの要因となっていることが指摘されており，教師もそれと同様の構造が背景にあると考えられる。

渕上（1996）はさらに，教師の複雑な人間関係に影響を与えている要因について，以下の7点をあげている。

①地域性　②学校の規模（1学年や1学級の人数）③学校の種類（小・中・高等学校の別，または普通校か職業校かなど）④教師の年齢や性別　⑤教師のインフォーマルな人間関係（学閥・組合・飲み仲間など）⑥校長，教師のパーソナリティ・行動パターン　⑦学校組織風土　そしてこれらの要因が単独にではなく，複雑に絡み合って学校内での現実の人間関係に影響を及ぼしていることを指摘している。とくに「⑦学校組織風土」について，教師集団には，通常は教師個々の自律性が保証されているという「疎結合な集団」という特徴がある。しかし一方で，管理職を中心に全員一致を目標とする，強固な「同調性」をもった集団でもあり，日々教師は同僚教師との歩調を合わせようと努力し，そうした圧力を受けているのである。

このような「同調性の高さ」は「⑤教師のインフォーマルな人間関係」とも深くかかわっていると考えられる。久冨（1995）の調査では，教師には教師同士の結婚も多くみられ（49.9％），また仕事を離れたときのつきあいも「同じ学校の教師（21.7％）」「勤務先の違う教師（23.6％）」の割合が高いことから，教師たちは仕事以外でも「教師仲間」に強くまとまっていることが示されている。また，自由時間など職場でのインフォーマルな会話の内容も「問題のある児童・生徒の話（71.1％）」が圧倒的に高率であり，教師たちの「世界の狭さ」と「きまじめさ」を指摘している。たしかにバーンアウトとの関連においては，「同僚との自由な会話」はバーンアウトの程度が高まるにつれて減少する傾向を示しており，同僚との会話がバーンアウトを軽減する要因であることが考え

られる。しかし，自由な会話のなかでも「児童・生徒の家庭・親の話」の話題はバーンアウトの程度が高まるほど多くみられているという結果となっている。

以上より，多くの人間関係に囲まれている教師は，教師同士のつながりをもつことで悩みを共有し，アドバイスを得ることができると考えられる。また教師の「まじめさ」は生徒のことを常に考え，熱心な指導となる点では教師として望ましいであろう。しかし，狭い人間関係のなかで生徒の問題など（教師として重要な問題ではあるが）「のみ」にとらわれてしまう「世界の狭さ」がバーンアウトの原因となることが考えられる。そうしたなかで「自分（だけ）が大変だ」と久冨のいう『自己犠牲的教師像』になり，いらだってしまうことがバーンアウトと関連するともいえるであろう。このような視点からもう一度教師の人間関係をとらえ直すことも重要と考えられる。

## 4. バーンアウトの克服に向けて

これまで教師に特殊なストレスとしてのバーンアウトの実態とその要因についてみてきたが，本節では教師のメンタルヘルスのために，その対処や改善策について考えたい。とくにここでは，教師個人レベルでの対策，学校を取り巻く組織レベルでの対策に分けて検討する。

### (1) 教師個人レベルでの対策

教師個人に対する対策として中島（1998）はまず，仕事に関連するストレスやバーンアウトに対する理解と自覚を深め，ストレス対処の強化を図ることが必要であるとしている。ストレス対処には，問題に対して積極的に解決に取り組むあるいはポジティブにとらえなおす「統制（control）型対処」と，問題から逃げたり，趣味などの気分転換や飲酒などで直面を避ける「回避的（escape）対処」がある。Leiter（1991）は，前者はバーンアウトを軽減するが，後者はバーンアウトを促進するとしている。しかし，現実には前向きに対処することのみが有効とは限らず，回避的対処が必要な時もあろう。よってこれらを場面に応じて使い分けていくことが必要と思われる。ただし回避的対処

のなかで飲酒など，健康習慣に影響を与えるものについては注意が必要なことはいうまでもない。また，ストレスおよびバーンアウト状態の軽減のために，自律訓練法などの認知療法，リラクゼーションなども有効であり，これらの手法を身につける機会を提供することも教師のストレス対策の1つとなるであろう。

さらに，小島ら（1999）は本人の「健康状態」がバーンアウトのとくに「情緒的消耗感」の規定因となっていることを示し，教師にとって「子どもに対する関心」「安定した性格」「体力」といった資質がバーンアウトに関係しているとしている。バーンアウト防止のためにはまず教師が健康を保ち，安定した性格と子どもへの関心を維持できるような取り組みが必要なのである。

バーンアウトはもともとまじめで責任感が強く「熱心な」，教師としての適性に富んだ人がなりやすいと考えられる。こうした有望で情熱あふれる教師が自己の教育理想と現実との矛盾に悩み，バーンアウトをすることのないようにしなくてはならないであろう。久冨（1995）が指摘するように，「自己犠牲」的に自己を責めることは本人にとって苦しいだけではなく，本当は一番大変なはずの「子どもの実際」をみる余裕がなくなる可能性がある。子どもの実情や本当の悩みや苦しみをみつめることができるよう視点を転換することが重要である。

(2) 組織レベルでの対策

学校組織の対策として渕上（1998）では，①時間的なゆとりによって「多忙」を改善すること，②学校内の人間関係を開かれたものにし意志疎通を図ること，③意志決定への参加（とくに短期的な課題について）を増やす，④学校改善へ向けての意欲や改善目標への共通理解を促進する，⑤校長の意見調整およびリーダシップを改善するなどが有効であるとしている。

とくに①「多忙」について久冨（1995）は，仕事内容のうち「事務仕事」や「学校行事」「会議」「部活」などが教師にとって「余分な時間が取られている」と感じるものであることを指摘しており，このような仕事内容について見直していく必要があるであろう。そして「もっと時間を取りたい」と感じている「授業の準備」「子どもとの話し合い」などへの時間を取れるようにしていくこ

とも必要であろう。

　また②「学校内の人間関係」について,「ソーシャルサポート」が教師のストレスやバーンアウトを軽減する要因として重要であるといわれている。「ソーシャルサポート」とは人とのつながりによって得られるサポートのことであり, ストレスを解決するのに必要な具体的な資源や情報を提供する「道具的サポート」, ストレスに苦しむ人の気持ちを癒し, その人が問題解決に当たる力を回復するようにする「情緒的サポート」と大きく分けて2種類あるといわれている (浦,1992)。教師は多くの人間関係に囲まれている分多様なサポートサポートを得ることができると考えられるが, とくに「上司のサポート」が有効という結果もある (木島, 1995)。またサポートの効果には性差があり, 女性には同僚・友人・保護者などのサポートも有効であるとしている。このことから教師を取り巻く人間関係は, バーンアウトを促進する要因にもなるが, 軽減する要因にもなるものとして重要と考えられる。よって今後は, 教師を取り巻く人間関係の「質」にも着目し, 誰がどのようなサポートをすることが有効かを考えていくことが必要であろう。さらに管理職や教師間, さらに養護教諭やスクールカウンセラーといった他職種とも連携を取りながら, サポート体制を充実させていくことが必要と思われる。

　宗像ら (1988) は教師のバーンアウト対策として研修の重要性を指摘しているが, 研修等でストレスやメンタルヘルスに関する知識を深める機会を提供することも重要であろう。さらに, 新たな人間関係のスキルを身につけたり, 教師が自分の「サポート・ネットワーク」をつくる場としても重要な機会であり, 教師たちが研修機会を有効に活用できるよう工夫していく必要があるであろう。

　以上のような職場環境の改善の他に中島 (1998) は, 学校以外の他組織との連携の必要性を指摘している。とくに医療機関と連携をし, 変調を来した教師に対する休養や治療の保障をすること, また, 行政機関に働きかけることによって教師の研修・援助体制を強化していくこと, さらには地域社会との連携などさまざまな取り組みが必要であろう。教師のメンタルヘルス向上にむけて,

また現代の学校がかかえる問題を解決し学校がより魅力あるものとして機能するために，幅広く学校組織を支える体制づくりを考えることが必要である。

**参考文献**

Freudenberger,H.J. (1974) Staff Burn-Out. *Journal of Social Issues*, 30, 159-165.
渕上克義　1992　学校組織の人間関係　ナカニシヤ出版
渕上克義　1996　職場内での教師の人間関係　蘭　千壽・古城和敬（編）対人行動学研究シリーズ2　教師と教育集団の心理　誠信書房
木島伸彦 1995　教員のストレスとバーンアウトに対するソーシャルサポートの効果について　ストレス科学, 10(3), 253-259.
木島伸彦 1996　教員ストレスの研究動向について　ストレス科学, 10(4), 292-295.
小島秀夫・中村朋子・篠原清夫 1999　教師のバーンアウトの測定　茨城大学教育実践研究,18,43-58.
久保真人・田尾雅夫　1991　バーンアウト―概念と症状，因果関係について―　心理学評論 34,412-431.
久冨善之 1995　教師のバーンアウト（燃え尽き）と「自己犠牲」的教師像の今日的変換―日本の教員文化・その実証的研究（5）―　一橋大学研究年報社会学紀要,34,3-42.
Kyriacou,C.,& Sutcliffe,J. 1978 Teacher Stress, Prevalence,Sources, and Symptoms. *British Journal of Educational Psychology,* 48 : 159-167.
Lazarus,R.S.,& Forkman,S. 1984 *Stress,appraisal and coping.* New York: Springer. （本明寛（監訳）1991　ストレスの心理学　実務教育出版）
Leiter,M.P. 1991 Coping patterns as predictors of burnout: The function of control and escapist copig patterns. *Journal of Organizational behabior*, 12, 123-144.
Leiter,M.P.,& Maslach,C. 1988 The impact of interpersonal environment on burnout and organizational commitment. *Jornal of Organizational Behavior*, 2, 199-204.
Maslach,C., & Jackson,S.E., 1981 Measurement of experienced burnout. *Journal of Occupational Behavior*, 2,99-113.
松浦善満 1997　私たちの求める教育改革―多忙化の克服と学校改革の課題―バーンアウト研究から　教育, 47(9), 45-52.
宗像恒次・稲岡文昭・高橋　徹・川野雅資　1988　燃え尽き症候群―医師・看護婦・教師のメンタルヘルス―金剛出版
中島一憲 1998　教師の精神保健　松下正明編　臨床精神医学講座，第18巻　家庭・学校・職場・地域の精神保健　中山書店
新名理恵　1994　心理的検査　ストレス反応の測定　CLINICAL NEUROSCIENCE, 12,5, 530-533.
田尾雅夫・久保真人 1996　バーンアウトの理論と実際　誠信書房
内山喜久雄・呉　守夫 1988　ストレス社会と管理者の対応　経済法令研究会
山下　格 1997　新版　精神医学ハンドブック　医学・保健・福祉の基礎知識　日本評論

社

### 参考文献（この分野をより学びたい人のために）

安藤延男（編）1985　講座生活ストレスを考える5　学校社会のストレス　垣内出版

蘭　千壽・古城和敬（編）1996　対人行動学研究シリーズ2　教師と教育集団の心理　誠信書房

宗像恒次・稲岡文昭・高橋　徹・川野雅資　1988　燃え尽き症候群―医師・看護婦・教師のメンタルヘルス―金剛出版

島田一男（編）1988　講座：人間関係の心理，第3巻　学校の人間関係　ブレーン出版

田尾雅夫・久保真人，1996　バーンアウトの理論と実際　誠信書房

# XI　教育場面でのジェンダー・バイアス

　「子どもの個性を重視した教育を」と謳われて久しい。教師をはじめ多くの大人たちは，子ども（児童・生徒）のもつユニークな資質，すなわち個性を伸ばすことによってその人生がより充実することを願っており，また，そのために助力することこそ教師の重要な役割の一つであると考えているだろう。

　子どものもつ個性を伸ばすとはまず，子どものなかに存在する潜在的能力を引き出す機会をできるだけ多くつくることであり，当然ながらそのような機会を奪うことではない。しかし，このごくあたりまえのことが教育場面のなかで見過ごされ，気づかれずにいる場合が少なからず存在するのもまた事実である。その1つが本章で問題にするジェンダー・バイアス（gender bias）である。

　たとえば男子生徒が行なったある行動を教師が好ましいと認知（判断）する一方で，女子生徒が同じ行動をとったときに好ましくないと認知するような場合，その教師の認知には性別による差別があるといえる。これをジェンダー・バイアスと呼ぶ。ジェンダーとは「男性（女性）とは〜である／〜であるべき／〜がふさわしい」といった，性別にまつわる社会的規範や期待を包含した概念である（後述）。またバイアスとは心理学では一般に認知の歪みをさす。本章で「差別」ではなくあえて「バイアス」という用語を使うのは，そのような差別的判断を本人が（あるいは差別されている側の人間も）明確に差別と認識しにくい点を重視するためである。

　誰の目にも明らかな差別ならまだしも，このような目にみえにくい差別の存在はいっそうやっかいなものである。まず，教師自身が性別にまつわるさまざまな思い込みやバイアスに気づき，そこから可能な限り自由になる，すなわちジェンダー・フリーになる必要がある。普段あまり意識されることのないこの性別二分法的発想は，知らず知らずのうちに個々の子どもにとって有益な機会

を奪う可能性があるからである．この二分法的発想を超えることにより，はじめて一人ひとりの子どもがもつ可能性を十分に伸ばす手助けができるのではないだろうか．

　本章はジェンダー・バイアスの基底となっているジェンダー・ステレオタイプにはどのようなものがあり，教育場面をはじめ日常生活のなかでどのように機能しているのかを主として社会心理学の立場から概観し，それらを解消するには，すなわちジェンダー・フリー教育をめざすにはどのような方法が模索されているのかを紹介することを目的とする．

## 1. ジェンダーとは

　まず，ジェンダーという用語についてもう少し説明を加えたい．セックス（sex）がSRY遺伝子や外性器・内性器に依拠した生物学的性を意味するのに対し，ジェンダー（gender）は社会や文化によってつくられた心理社会的な性をさす．人が「男性」あるいは「女性」であるのはセックスとジェンダー，双方の働きの結果であると考えられている．

　ジェンダーとは「男は仕事中心，女は家事・育児中心」，「男はたくましく，女はかわいらしく」といった男女それぞれの行動やパーソナリティ，態度，能力，興味，適性等，広範囲にわたる事柄に対する社会的規範や期待，意味づけを包括した概念である．これらの性による二分法的な区分けは，「男性は寒色系，女性は暖色系」といったように，本来性別とは無関係の事柄に及んでいる．世界を2つに分割する認知の枠組みであるともいえよう．

## 2. ジェンダー・ステレオタイプ

　「男子は生徒会長，女子は副会長か書記」，「男子は理数系，女子は文科系」といった性別にまつわる紋切り型の固定観念をあげれば枚挙にいとまがない．このような，性別に関して社会に広く流布する思い込みをジェンダー・ステレオタイプ（gender stereotype）という．ステレオタイプとはベイソウ（Basow, 1992）によれば「ある特定の社会的カテゴリーに属する人びとについての極端

な一般化」と定義されている。すなわち，男性と女性に対して人びとが共有する，構造化された信念（思い込み）をジェンダー・ステレオタイプと呼ぶのである（Lippa, 1990）。

　ジェンダー・バイアスはジェンダー・ステレオタイプによって生じると考えられることから，ここではまず，どのようなジェンダー・ステレオタイプが社会に存在するのか確認しておきたい。

　男らしさ（男性性）・女らしさ（女性性）として日常生活で散見される，主としてパーソナリティ特性を中心としたジェンダー・ステレオタイプとはどのようなものなのだろうか。男性性・女性性の内容に関する研究がこれまでにいくつか行なわれているが，たとえば伊藤（1978）によれば，男性性とは「冒険心に富んだ」，「たくましい」，「大胆な」，「指導力のある」，「信念を持った」，「頼りがいがある」，「行動力のある」，「自己主張のできる」，「意志の強い」などで，女性性とは「かわいい」，「優雅な」，「色気のある」，「献身的な」，「愛嬌のある」，「言葉使いのていねいな」，「繊細な」，「従順な」，「静かな」，「おしゃれな」といった特性を包含することが明らかにされている。

　これらのステレオタイプは単に社会に共有されているだけでなく，個人の価値になんらかの影響を与えることを示唆する研究結果もある。男性性・女性性が自分にとってどの程度重要かを判断させた研究によると，男性の場合，男性性は個人的にもっとも重要であり，社会的にも望ましい男性としても重要であると認識している。しかし女性はといえば，女性性は個人にとっても社会にとってもそれほど重要ではないが，望ましい女性であるためには重要であると考えていることがわかった（伊藤,1978）。この結果はジェンダー・ステレオタイプが自身の価値に関する感情・考えに性別によって異なる影響を与える可能性があることを示唆しており，とくに女子青年にとって好ましからざる傾向を示している。

　さて，男女それぞれに対するジェンダー・ステレオタイプの内容を要約するとどのようなものになるだろうか。一般には，男性的特性は「道具性」（生計を維持する役割に必要な特性），「作動性」（ひとりの独立した人間として生きるの

に必要な特性)，「行動力」，「知性」などであり，女性的特性は「表出性」(他者の世話や子どもの養育に必要な特性)，「共同性」(他者とともに生きるのに必要な特性)，「美と従順」などであるといわれている (青野ら,1999)。

　若い学生にこのようなジェンダー・ステレオタイプをどう思うか尋ねると，「古めかしい感じがする」などの回答が多い。しかし，実際に彼ら・彼女らのもっているジェンダー・ステレオタイプ，あるいは異性に対する期待を記述させると，上述したような男女の姿が浮かび上がってくるのもまた事実である。これは現代の若者にもジェンダー・ステレオタイプが確実に受け継がれていることを示す日常的な一例である。最近の研究でもわれわれが想像する以上に，ジェンダー・ステレオタイプはひと昔前と比して変化していないことが明らかにされている (土肥，1995)。女性の社会進出が進み，「厨房に入る」男性や仕事よりも余暇時間を重視する若い男性が増えてはいるが，「あるべき男性の姿・女性の姿」といった点では根本的な変化があるとはいえない。男性／女性といった区分けを取り払うことの難しさ，あるいは従来の性役割の代替となる明確なモデル確立の困難さがこれらのことからも窺える。

## 3．ジェンダー・ステレオタイプの機能，維持と強化

　「男児にはブルーの，女児にはピンクのベビー服」といった具合いに，人はかなり幼い頃から「男性 (女性) に属することがら／属さないことがら」を，社会のさまざまな場面で多種多様な情報に接して知識を獲得していく。これを社会化 (socialization) という。社会化によって得られた知識はステレオタイプとして個人のなかで構造化されるが，それは知識として蓄えられるだけではなく，記憶や判断といった情報処理過程において認知的枠組みとして働くようになる。この認知的枠組みをスキーマ (schema) と呼ぶ。

　ジェンダーに関するスキーマがジェンダー・スキーマである (Bem, 1981)。ジェンダーに関係のある情報を材料とした記憶研究のレビューによれば，ジェンダー・スキーマに一致する情報は一致しない情報よりも想起されやすいことが明らかにされている (Ruble & Stangor,1986)。ステレオタイプから自由にな

るためにはそのステレオタイプに当てはまらない事例に出会い，ステレオタイプが必ずしも有効でないことを経験する必要があるわけだが，上記の結果は記憶という切り口から，一度確立してしまったジェンダー・ステレオタイプが修正されにくい（あるいは維持されやすい）ことを示している。

　また，ステレオタイプに一致しない事例に接してもジェンダー・ステレオタイプが揺るがないのは，われわれが多次元的に構造化されたジェンダー・ステレオタイプをもつためだという主張もある。すなわち，ステレオタイプに合わない事例に出会ったとき，人は新たなカテゴリ―これを「サブタイプ」という―を作成すると同時に，それを例外とみなすことによって，もともともっているジェンダー・ステレオタイプを修正しないまま維持するという説である（Hewstoneら，1992）。このサブタイプ化の働きによってジェンダー・ステレオタイプは，どんな例外的事例をもそのなかに取り込んでしまえるほど「豊かなものになる一方，その本質となる内容は変わらないまま維持されることになる。

　一方，ステレオタイプに一致する事例に出会った場合，当然のことながらステレオタイプは強化される。しかし，厳密には，あるカテゴリ（たとえば女性）に属する人々のふるまいなりパーソナリティなりが真に特定の傾向（たとえばステレオタイプ）を示すか否かを知るためには，すべての構成員（たとえばすべての女性）あるいはランダム・サンプリング（無作為抽出）によって選ばれた構成員を対象に調べなければならない。けれども現実場面では，偶然出会った身近な事例によってステレオタイプの妥当性を確認するという方法に頼らざるをえず，限られたサンプルから主観的に結論を引き出すことになる。これを「サンプリング・エラー」という（Rothbart, 1980）。たとえば「女性は集団で行動することを好む」というステレオタイプをもつ人がいたとする。ステレオタイプにかかわる事例には注意が払われやすいことから，たとえば，女性たちが集団で出かける様子をたまたま目撃すると，そのサンプルが集団の代表性を保証するものとはいえないにもかかわらず，ステレオタイプを妥当なものと確認し，強化することになるのである。

さらに，サンプリング・エラーによって新たなステレオタイプが形成されることもある。たとえば女性の少ない職場で，ある女性が何か目を引く行動傾向（たとえば「すぐに泣く」）をもっていると，それが新たなジェンダー・ステレオタイプ（「女性はすぐに泣く」，「だから女性は使いにくい」など）となる場合がある。これを「誤った関連づけ」(McCauley ら, 1980) という。目立つ情報同士は結びつきやすいのである。

また，ステレオタイプはある種の初期値，あるいは自己規制としてもはたらく。たとえば「男性はこまごまとした家事は苦手」というジェンダー・ステレオタイプは，男性が実際に家事をやってみる以前に「自分には向かないこと」としてその機会を逃させたり，男性が実際に試したとしても，うまくできなかったときに「やはり向いていない」と簡単に放棄させる可能性を生じさせる。そして，そういった事例を多く見聞きすることにより，ますますステレオタイプが強化されることになるのである。

## 4. 教育場面におけるジェンダー・バイアス

たとえば家庭科の授業中，女子が中心となって料理を作り，男子が補助的に参加するのを教師が大目にみたとする。これはジェンダー・バイアスにもとづく行為の1つである。なぜならその行為の根底には「女性は家事育児に向いている」というステレオタイプ，あるいは「女性は家事育児が上手にできた方がよく，男性は上手にできなくてもよい」という暗黙の社会的規範が存在するからである。

また，たとえば理科の実験などで，男子が中心的役割を担い女子が器具の準備や洗浄といった補助的役割につくのを自然なことと感じるのもジェンダー・バイアスのゆえである。そこには「重要な場面での中心的役割は男性が担い，周辺的な役割は女性が担う」といったステレオタイプが存在するからである。

明らかな男女差別的態度で生徒に接する教師は，ひと昔前に比べればずいぶん減っているだろう。しかし，おおっぴらな男女差別だけでなく，「隠されたメッセージ」としての男女差別（あるいは区別）に注意する必要がある。それ

らは気づかれにくい反面，子どものふるまいを規制し，可能性の芽を摘む危険があるからである。

(1) **教師のジェンダー・バイアス**

たとえば教師―生徒の相互作用に関する研究を概観したゴロンボクら(1997)は以下のようにまとめている。「教師―生徒の相互作用におけるジェンダー差は，教師が女の子よりも男の子により多くの注意を向けるという形で，早くも幼稚園の頃に始まる。さらに，男子は知識のあることを賞賛され，女子は従順であることを賞賛される。他方，男子は反抗的なことを叱責され，女子は知識不足を咎められる。」(p.188)

これは男子・女子に対する賞賛や叱責の量が同じ場合でも，教師は男子と女子では違った点に着目しフィードバックを与える傾向があり，その結果，男子と女子で違った行動が強化されやすいことを意味する。「男だから〜しなさい」とか「女だから〜しなさい」と教師が直接口に出さなくても，子どもは自分に向けられた教師の反応と異性の子どもに向けられた教師の反応の違いを敏感に察知することにより，「あるべき」姿を学んでいくことが推測できよう。

また，ある特性をもつ子どもに対する教師の好意の度合いをみた研究では，攻撃的な男児と依存的な男児に対する教師の好意度にはほとんど差がないが，攻撃的な女児と依存的な女児では後者の方がずっと好まれることが明らかにされている（Ruble & Stangor, 1986)。このような教師の好意の度合いの違いによって生ずる反応やふるまいが，教師自身にはその意図がなくても「あるべき」姿を子どもたちに学ばせる材料の1つとなっている可能性は高い。

一方，わが国では，児童自身に質問紙調査を実施して教師の男児・女児に対する働きかけの違いの検討がなされている（根本, 1990)。その結果，個々の教師の個人差は大きいものの，教師の性にかかわらず男児は女児よりも多くの叱責を受けること，また，男児は教師が男性であるか女性であるかによって教師に対する態度（肯定的／否定的）に差はないが，女児の場合，男性教師よりも女性教師に対して有意に肯定的態度を有していたことなどが明らかになった。とくに後者の知見に関連した結果によれば，女児は女性教師に担当された方が

より多くの働きかけを受け，より肯定的な態度を教師に対してもつことから，女児にとって有利である可能性を示唆している。この傾向がどのくらい一般化可能であるかは今後の研究を待たなければならないが，わが国の教員の性別比（すなわち，学年が上がるほど女性教師の占める比率が少なくなる）を考えると決して小さな問題ではないだろう。

ロット（Lott,1998）はジェンダー形成に関する著書『ウーマン・ライフ』のなかで，こうした男子と女子に対する教師の反応の違いについて以下のように述べている。「幼い少女は幼い少年とまったく同様に…（中略）…何か大事なことを教えてもらえるという期待をいだいて，学校生活を始めると思われる。それなのに，こうした期待を閉ざしてしまって，少女に受身と依存を教え，"傍観者" でいるようにしつけるのは，公平でない。」(p.81)

教師もひとりの人間である以上，数十名の子どもたち全員に平等な態度で接するのは実際のところ不可能なのかもしれない。しかし，男児・女児に対するふるまいが予想以上に公平でないという知見を鑑みたとき，それがどのような理由によるものなのか，どうしたらなくすことができるのか，いま一度じっくりと考えるべき問題なのではないだろうか。

(2) 学校環境の中のジェンダー・バイアス

もちろん教師のふるまい方だけでなく，子どもを取り巻く学校環境のなかには目にみえにくい形でジェンダー・バイアスが存在する。たとえば教科書である。一見中立的とみなされる教科書だが，そのなかで男女はどのように描かれているのだろうか。日本の中学・高校で使われている英語の教科書を分析した崎田（1996）によると，物語のなかに出てくる主人公や登場人物の6割以上が男性であること，男性の職種や肩書きは女性よりも多様で数も多いこと（女性の3.7倍以上の職業が与えられている），男性に使われる形容詞は体の大きさに関するものが多いのに対して，女性には魅力的か否かを表す形容詞が使われることが多い。また，別の報告によれば，男性は力仕事・女性はこまごまとした家事を行なっている挿絵や，おかあさんはエプロン姿でお茶を運び，他の人はお茶を飲んでいるといった，性役割分担を肯定する絵や写真が多い（かながわ女

性会議教育部会，1992)。これらは直接的な差別表現ではないが，間接的に「男性（女性）はどうあるべきか」という「隠れたメッセージ」を子どもたちに送っているのである。

また，男女別出席簿が隠れたメッセージを発するものとして問題にされているのは周知の通りである。「男子が先，女子が後」という形式の点呼を日々行なうのは，男性と女性の区分けを必要以上に強調するだけでなく，「何をするにも男性が先で女性は後」，「女性は男性についていくもの」というメッセージの伝達になりかねない。現在では男女別名簿の利便性が発揮されるのは身体測定のときくらいであり，どうしても男女別でなければならない合理的な理由はほとんどみつからない。教育界での男女混合名簿への抵抗感の強さは，ジェンダー・ステレオタイプそしてジェンダー・バイアスの根強さを改めて感じさせる一例といえよう。

## 5. ジェンダー・フリー教育をめざして

心理学におけるジェンダー研究のパイオニアのひとりであるベム（Bem,1999)は，ジェンダーによる二分法的なものの見方を「ジェンダーのレンズ」と呼び，以下のように記している。「このレンズは，人びとの社会的事実に対するとらえ方や議論に作用するだけではない。社会的制度のなかにあまりにも巧妙に組み込まれているので，社会的事実それ自体を構成している多くの事柄—不平等賃金，不適切な養育のあり方—をもつくりあげてしまう。」(p.2)

個人をはじめ社会・文化がすでにジェンダー化されているなかで，性別二分法的ものの見方から自由になるのは容易なことではない。しかし一方で，そのための試みがいくつか模索され始めている。そこで最後に，ジェンダー・ステレオタイプから自由になるための実践例をここで紹介しよう。

東京都が1995年に作成した，男女平等の視点から意識や行動を見直すための「男女平等社会への道すじ—ガイドライン」を受けて，東京女性財団は個人の意識や行動を見直すためのチェックリストである「ジェンダーチェック」を作成している。このチェックリストの作成は，ジェンダー・フリーを目指すた

**資料　ジェンダーチェック：学校生活（教師編）**　（東京女性財団，1997）

### 1　あなたの学校をジェンダーチェック

まず最初に，あなたの学校の中のジェンダーについてチェックしてみましょう。「はい」または「いいえ」の欄に○をつけてください。

|  | はい | いいえ |
|---|---|---|
| ◆持ち物の色を男女で分けている |  |  |
| ◆生徒が整列するとき，男女別々だ |  |  |
| ◆並んだり，行進したりするのは男子が先だ |  |  |
| ◆生徒会やクラスの委員長は男子，副委員長や書記は女子がやることが多い |  |  |
| ◆運動会で，男子は道具係，女子は接待係というように男女別に役割分担が決まることが多い |  |  |
| ◆体育では，ダンスは女子，柔道・剣道は男子と決まっている |  |  |
| 合計 | 「はい」の数 | 「いいえ」の数 |

さて，チェックの結果はいかがでしたか。
「はい」の数が5つ以上→あなたの学校はずいぶんとジェンダーにとらわれているようです。
「いいえ」の数が5つ以上→あなたの学校はジェンダー・フリーが進んでいます。

こうしてみると，男女を区別なく同じように取り扱っているつもりでも，分けて考えてしまっていることがけっこう多いのではないでしょうか。だれが決めたわけでもないけれど，いつのまにか慣習・きまりとして根づいてしまっていたのでしょう。

めにはまず，個々の人びとが自分のなかにあるジェンダーにまつわる思い込みに気づくことから始めるのが有効であるという視点にもとづいている。ジェンダー・チェックには「家族・家庭生活編」「地域・社会生活編」等があるが，ここでは「学校生活：教師編」（1997）を紹介したい（資料参照）。

このチェックリストは教師向けに作成されたもので，学校生活のなかで生じやすいジェンダー・バイアスに対して，どの程度気づきがあるかを簡単にチェックできるようになっている。「あなたの学校をジェンダーチェック」，「あな

### 2　あなたの職場をジェンダーチェック

次に，あなたの職場をチェックしてみましょう。

|  | はい | いいえ |
|---|---|---|
| ◆校務分業は，女性向け・男性向けで分ける傾向がある | | |
| ◆教務主任，学年主任など，主任はすべて男性教師だ | | |
| ◆研修・出張に行くのはほとんど男性教師だ | | |
| ◆職員会議での女性教師の発言は軽視されることが多い | | |
| ◆男性教師は育児休業を取りにくい雰囲気がある | | |
| ◆女性教師が職員会議を中座すると，男性教師なら平気なのに，イヤな顔をする教師が多い | | |
| ◆運動部活動の指導が不得意な男性教師は肩身の狭い思いをする | | |
| ◆来客にお茶を出すのはたいてい女性教師か女性職員だ | | |
| | 「はい」の数 | 「いいえ」の数 |
| 合計 | | |

「はい」の数が6つ以上→あなたの職場はジェンダー・フリーとは言えないようです。女の役割，男の役割といった考え方がしっかり根を張っているようです。

「いいえ」の数が6つ以上→あなたの職場では教師たちが性別にこだわらず平等に仕事をしている様子が目に見えるようです。

たの職場をジェンダーチェック」，「あなた自身をジェンダーチェック」，「ジェンダー・フリーな教育を実践するために」の4つの質問項目群からなり，たとえば「教室で持ち物の色を男女で分けているか」，「学校では校務分業は女性向け・男性向けで分ける傾向があるか」，「男子に"女に負けるなんてだらしがない"と言ったりしないか」，「男女混合名簿や体育共習についてどう考えるか」などの質問が盛り込まれている。ジェンダー・フリー教育へのボトムアップ的効果をねらった実践の1つといえるだろう。

## 3 あなた自身をジェンダーチェック

では、いよいよ、あなた自身のジェンダー・フリー度をチェックしてみましょう。日ごろの考えや言動を振り返ってみてください。A～Cのうち、あてはまるものに○をつけてください。

|  | はい。そうしている。 | そう思うが、そうしていない。 | いいえ。そうしていない。 |
|---|---|---|---|
| ◆運動会の応援団長をやりたいという女子がいたら積極的に支援する | A | B | C |
| ◆男子に「女に負けるなんてだらしがない」と言ったことは1度もない | A | B | C |
| ◆「男のくせに泣くな」とか「女なのだから気配りを」というような、男女を区別した指導をしないようにしている | A | B | C |
| ◆女性が主人公の教材や女性についての資料などを積極的に授業に取り入れるようにしている | A | B | C |
| ◆「家事や育児は女の仕事」と考えている生徒がいたら、その考えを改めるように指導している | A | B | C |
| ◆女子にも男子にも同じように「さん」づけ、あるいは「くん」づけで呼んでいる | A | B | C |
| ◆女子にも男子にもジェンダーの枠にとらわれず新しい分野に挑戦するよう励ましている | A | B | C |
| ◆保護者は父親だけを指すのではないことをきちんと生徒に伝えるようにしている | A | B | C |

|  | Aの数 | Bの数 | Cの数 |
|---|---|---|---|
| 合計 |  |  |  |

あなたは何点ですか。A～Cの（ ）内にそれぞれ合計の数を入れて計算してください。
A（　）×2点＋B（　）×1点＋C（　）×0点＝（　）点

14点以上→あなたはほぼジェンダー・フリー。よきリード役となってください。

8点～13点→あなたがジェンダー・フリーになるには、さらに努力が必要です。期待しています。

7点以下→あなたはまるで前世紀の遺物のよう。自己改造できないと21世紀の教師は務まりません。

また，男女二分法的なものの見方がいかに不合理な現実を生んでいるかを子どもたちとともに考える，授業用プログラムが書籍として刊行されている（たとえば『実践ジェンダー・フリー教育』）。残念ながら紙面の都合上詳しい内容は割愛するが，ジェンダー・フリー教育のための有益な資料として最後にご紹介する次第である。

### 参考文献

青野篤子・森永康子・土肥伊都子 1999　ジェンダーの心理学　ミネルヴァ書房
伊藤裕子 1978　性役割の評価に関する研究　教育心理学研究,26,1-10.
小川真知子・森　陽子（編）1998　実践ジェンダー・フリー教育　明石書店
かながわ女性会議教育部会　1992　教科書に女性の視点はあるか
崎田智子 1996　英語教科書の内容分析による日本人の性差別意識の測定　実験社会心理学研究,36,103-113.
ゴロンボク, S.・フィバッシュ, R. 小林芳郎・瀧野揚三（訳）1997『ジェンダーの発達心理学』田研出版
東京女性財団　1997　ジェンダーチェック　男女平等への指針　学校生活・教師編
東京都生活文化局　1995　男女平等への道すじ—ガイドライン—
土肥伊都子 1995　ジェンダーに関する役割評価・自己概念とジェンダー・スキーマ—母性・父性との因果分析を加えて—　社会心理学研究, 11, 84-93.
根本橘夫 1990 男性教師と女性教師の男児・女児に対する働きかけの比率の違い　教育心理学研究,38,64-70.
Hewstone,M., Hopkins,N.,& Routh,D.A. 1992 Cognitive models of stereotype change: Generalization and subtyping in young people's views of the police. *European Journal of Social Psychology*, 22, 219-224.
Basow,S.A. 1992 *Gender: Stereotypes and roles*, 3rd ed. Pacific Grove: Books/Cole.
Bem,S.L. 1981 Gender schema theory: A cognitive account of sex typing. *Psychological Review*, 88, 354-364.（福富護（訳）『ジェンダーのレンズ』川島書店）
McCauley,C., Stitt,C.L., & Segal,M. 1980 Stereotyping: From prejudice to prediction. *Psychological Bulletin*, 87, 195-208.
Lippa,R.A. 1990 *Introduction to social psychology*. Belmont: Wadsworth.
Ruble,D.N.,& Stangor,C. 1986 Stalking the elusive schema: Insights from developmental and social-psychological analyses of gender schemas. *Social Cognition*, 4, 227-261.（西村恕彦（監訳）『ウーマン・ライフ』日本評論社）
Rothbart,M. 1981 Memory processes and social beliefs. In D.L. Hamilton (ed.) *Cognitive processes in stereotyping and intergroup behavior*. Hillsdale, NJ : Erlbaum. 145-181.

# XII 生徒・学生の自己概念の構造

## ——学業的自己概念と非学業的自己概念との関連性——

　肯定的な自己概念を形成することは，教育心理学，発達心理学，臨床心理学，社会心理学などのさまざまな心理学の分野において望ましいこととされてきた。心理学において自己概念の理論を初めて体系的に発展させたのは，William James（1880-1963）であるが，Jamesは次の4つの基幹概念を指摘した。Jamesは，自己概念理論を開発した最初の心理学者として広く認識されている。Jamesによって開発された4つの概念はとくに重要である。

　第1に，主我（知る者としての自己，あるいは能動的な行為者）と客我（知られる者としての自己，あるいは経験の内容）の区別である。第2に，身体的な自己を基底に，精神的な自己を表層にもつ，身体の外側に存在する物質的な複数の自己とさまざまな社会的自己とのはざまにある多面的に設定された階層化されたものとして自己概念を特徴づけたのである。第3に仮説的に設定された上位の権威や未来の世代，神による評価を表す，一般化された，あるいは潜在的な社会的自己や仲間集団を通じて，個人が得るところの認知を基礎においた社会的自己という概念を規定した。

　第4に，成功に対する自負心や主観的な重要性の確立として自尊感情という概念を定義し，それゆえ人は最も強靱で，もっとも誠実な，かつもっとも深遠なる自己を注意深く選択しなければならない。（中略）そのことに自らの救済がかかっているのである，と考えたのである。

　これらの基幹概念をめぐってその後多くの関連研究が生み出されてきた。この章では最近の自己概念論を学業的自己概念と非学業的自己概念との関連性という視点から概説してみる。

　なぜ学業的自己概念と非学業的自己概念との関係性が主題にされなければな

らないのか，まずその点を明らかにしておきたい。現在の学校社会においては初等・中等・高等教育のいずれの段階においても「学業」は非常に重視されている。そのことの象徴的な現象が偏差値ランクであろう。平たくいえば勉強がよくできるのか，それともできないのかは生徒の自分の認知に大きな影響を及ぼしている。たとえば「勉強は嫌いで，出来が悪い」と自分のことを規定・定義している生徒は「ダメな自分」という否定的自己概念を形成する可能性が大きいと考えられる。その場合，その否定的自己認知は学業の領域内のみに限定されるのか，それとも学業以外の領域，すなわち教師・生徒関係，親子関係や交友関係，喜怒哀楽の情緒状態や自尊感情，身体的外観や身体的能力などの非学業的自己概念にも波及し，包括的に否定的な自己概念が形成されていくのか，その関連性について理論的解明が必要である。そのための1つの手がかりとして自己概念の構造を主題として取りあげてみた。

## 1. 自己概念の定義

自己概念（self-concept）とは，個人が周囲とかかわるなかでの経験や，周囲に関する個人の解釈を通じて形成された，個人による自己認知である。Shavelson ら（1976）は，こうした自己認知は，重要な他者からの評価や，強化，個人の行動が帰属する属性にとくに影響を受けるとした。Shavelson らによれば，自己概念は，人々の内部に存在する実体ではなく，人々がいかに行為するのかを説明，あるいは予測するのに潜在的に有用な仮説的構成概念であるといわれている。こうした自己認知は，個人の行為のしかたに影響を及ぼし，こうした行為がまた個人の自己認知に影響を及ぼすのである。このようなパースペクティブと一致して，Shavelson らは，自己概念という概念は研究の結果や，その他の結果を説明するのに役立つ媒介変数と同じように重要である，と指摘した。また，Shavelson らは個人自身の自己認知にもとづく自己概念と他者の推測にもとづいた推測的自己概念とを明確に区別し，かれらの研究は前者に焦点を当てていると述べている。かれらは，自己概念の構成概念に関する自らの定義にとって重要な，7つの特徴を次のように述べている。

① 自己概念は，人々が自分に関してもっている膨大な量の情報をカテゴリー化し，またこうしたカテゴリーを相互に関連させる際に組織化され，あるいは構築される。
② 自己概念は，特定の面が，特定の個人によって取り入れられ，また，あるいはある集団によって共有される，自己を対象化するカテゴリー体系を反映するという意味で，多面的である。
③ 自己概念が階層的であるのは，特殊状況における個人の行動の認知がヒエラルキーの基底部にあり，より広い領域（たとえば，社会的・身体的・学業的領域）における自己に関する推測がヒエラルキーの中間に位置し，全体的な一般的自己概念が頂点に存在するからである。Shavelson らは，このような構造を，Speaman が知能の階層的表象を提起し，その頂点に g 能力を想定したことと結びつけて考案した。
④ 階層的な一般的自己概念――ヒエラルキ――の頂点は安定的なものであるが，ヒエラルキーを降りるにしたがって，自己概念は次第に状況特殊的になり，その論理的な帰結として安定性を欠くことになる。ヒエラルキーの基底部にある自己認知の変化は，もっと高いレベルにおける概念化によって減じられる可能性があり，一般的自己概念の変化は，多くの状況特殊的な領域での変化を必要とするのかもしれない。
⑤ 発達論的にとらえれば，自己概念は，個人が幼少期から成人期に移行するに従い，次第に多面的になる。幼児は自分と自分を取り囲む周囲とを分化しない傾向があり，低年齢の子どもは全体的で未分化の，状況特殊的な自己概念を有している。そして，年齢を重ね，言語能力を習得するに従って，自己概念は次第に分化し，また多面的で，階層的な構成概念へと統合されるのである。
⑥ 自己概念は，人びとが自分のことを描写したり（「わたしは幸福だ」），自分を評価したり（「わたしは数学がよくできる」）というように，記述的な側面と評価的な側面の両方をもっている。評価はなんらかの絶対的な理想や，仲間との比較，あるいは重要な他者の期待にもとづく総体的な規準にたいして

行なわれるはずである。人々は特殊な次元にたいして別々に価値を付与するものである。さらに，Shavelson らは，自己評価と自己記述の相違は概念上も，あるいは実証的にもまだ明らかになっておらず，それゆえ自己概念と自己評価（自尊感情）という用語は論文中で代替可能的に用いられている，と指摘した。

⑦ 自己概念は，自己概念が理論的に関連をもつ，その他の構成概念（法則論的ネットワークのなかでの関係的ネットワークという構成要素）から分化させることができる。それゆえ，たとえば，学業面での達成は，社会的あるいは身体的自己概念よりも，学業的自己概念と高い相関関係をもち，学校で教わる特定の教科（たとえば，数学や英語）における自己概念は，対応する強化における成績とのほうがそれ以外の強化の成績とよりも，つよく相関するはずである。

また，Shavelson ら（1976）は，自己概念の階層的な組織を表現するものとして，図12-1を提示した。ここでは，頂点にある一般的自己概念は，学業的な構成要素と非学業的構成要素とに分けられている。学業的な構成要素は，特殊な強化から一般的な強化に関する自己概念に区分され，非学業的構成要素は

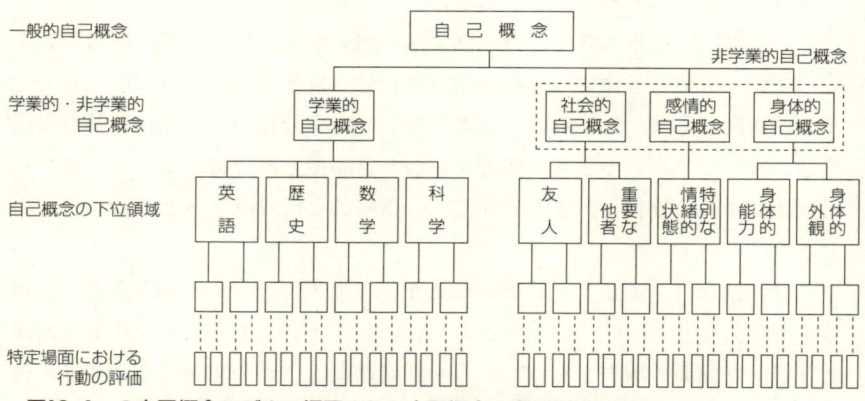

図12-1 の自己概念モデルで提示された自己概念の階層組織図（Shavelson *et al.* 1976）

身体的構成要素と社会的構成要素とに分けられ，両者はさらに特殊な構成要素に分別される。また，まだ名づけられていない，さらに特殊な構成要素の連続対が存在している。ヒエラルキーの基底部に出現する特殊状況における行動についての評価や記述は，自己概念の状況特殊的な定義と一致している。Shavelson らの最初の意図は，かれらの自己概念の定義の階層的特徴を表す可能性のある1つの表象を示すことにすぎなかった。しかし，皮肉なことに，こうした学問的示唆に富んだ特徴は，自己概念の Shavelson モデルとみなされるようになり，今もなお，この分野において重要な影響力をもちつづけている。

## 2. 自己概念の構造的モデル

　自己概念に対する関心は長期に及んでいる。1890 年に心理学を最初に紹介した William James によって執筆された教科書は，自己概念に関する記述にもっとも長い章を割き，自己概念研究に関連する当時の議論を数多く紹介している。そして James によって，自己概念理論におけるその後の多くの発展に先鞭がつけられたといえる。James の社会的自己という概念は，特殊な，一般化された他者による評価の重要性を示唆し，こうした重要性はシンボリック相互作用論を提唱した Cooley, C.H., Mead, G.H. といった研究者が非常に重視した研究テーマであった。知る者としての自己と，知られる者としての自己という区別は，自己概念を説明する場合ほとんどつねに用いられる考え方であり，自己概念研究において昨今流行っている，力動学的／過程論的志向や，構造論的／特性論への志向などとほぼ交差している。James によって記述された自己システム論の展開は，最近進展をとげている認知論的アプローチと一致している。自尊感情を，達成と要求水準双方と関連して変化すると定義したことと，活動の主観的な重要性を示した点は有益であった。

　また，James によって提示された自己探究と自己保全欲求が同時に起こるという考え方は，数多くの研究があつかってきた自己高揚と自己一貫性との相違というテーマに反映されているといえるだろう。

　James はまた，自己概念の多面的で階層的なモデルを開発した初期の研究者

でもある。最近は，自己概念の構造の，さまざまな理論モデルと，そうしたモデルを（潜在的にも顕在的にも）根底とする自己概念を測定する方法についての議論が活発化している。

とくに，Shavelson, Hubner, Stanton (1976) によって提示された自己概念の多次元的・階層モデルと，Shavelson らのモデルを実験するために開発された自己記述質問紙法（SDQ）を使った研究（Marsh, 1990c；Marsh, Byrne, &Shavelson, 1988；Marsh & Shavelson, 1985）が関心を惹いている。かれらの研究は理論と測定法，実験が密接にからみ合い，それゆえどれ1つとして他の2つから隔離して評価することができないようになっている。しかし，ここではまず，自己概念の理論的モデルを取りあげてみたい。

自己概念の構造的モデルは，知能のモデルの類推からその多くのヒントを得てきたといわれている。Soares & Soares (1977) は自己概念のモデルを提示し，そのなかで「Spearman や Thurstone, Cattell, Guilford, Piaget の研究の影響を受けた理論的考察を用いることを通じて，自己概念理論に関する議論の基礎を展開させている」(p.1) と述べている。ある1つの学問領域のモデルを別の学問領域へと過剰に流用する危険性を指摘しつつも，Soares らは，2つの研究領域には両者の比較を，関連しあう1つの課題とするにたる共通性が存在すると提唱している。Soares らは自らの統括的な展望に立脚し，単次元的一般的因子モデル，多次元的因子モデル，階層的因子モデル，そして分類学的モデルを提示した。

ここでは，それらのモデルを検討してみることにする。

(1) **単次元的一般因子モデル**

単次元モデルを支持する研究者は，自己概念にはたった1つの全体因子しかないか，あるいはある全体的因子が特殊な因子よりも優勢であるという説に立脚している（図12-2のA）。たとえば，Coopersmith (1967) や Marx & Winne (1978) は，自己概念は非常に強く全体的因子に支配されるため，個別の因子が適切に分化されないと主張している。しかし，こうした研究をさらに吟味していくと，このような結論は，自己概念の単次元性を支持するか否かが

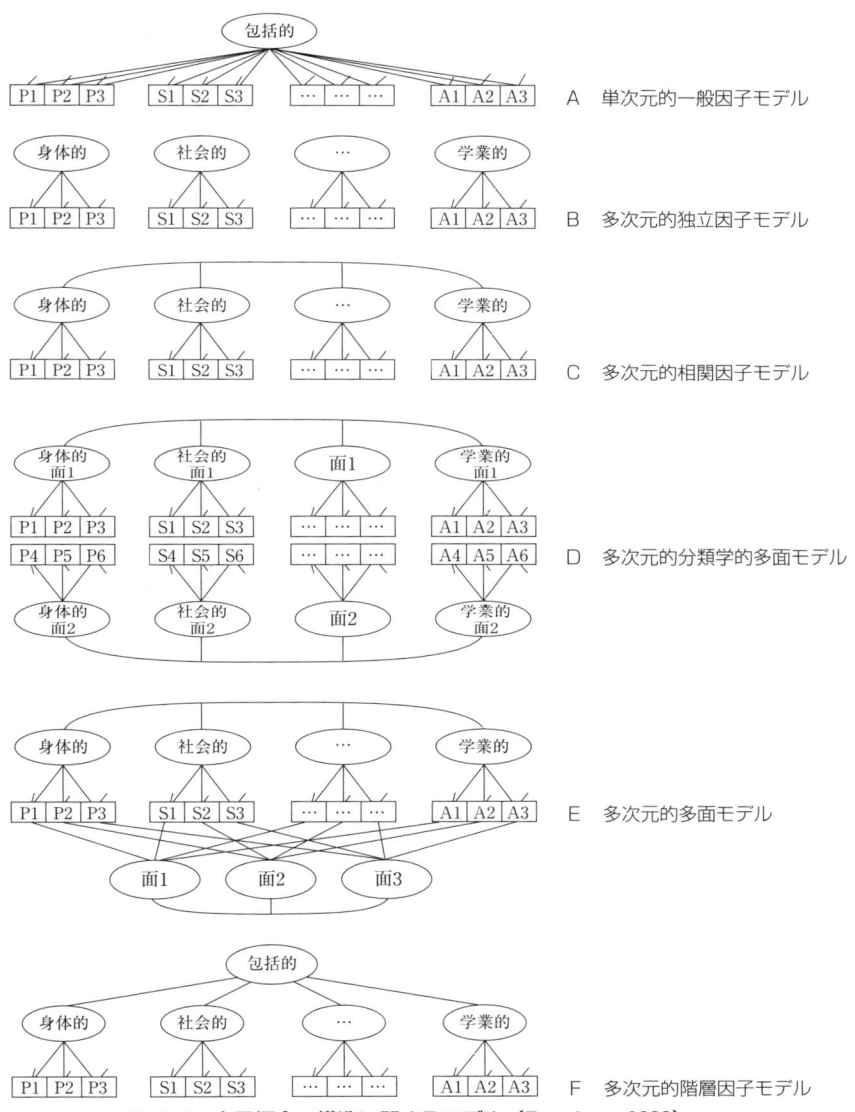

図12-2 自己概念の構造に関するモデル（Bracken, 1996）

A 単次元的一般因子モデル
B 多次元的独立因子モデル
C 多次元的相関因子モデル
D 多次元的分類学的多面モデル
E 多次元的多面モデル
F 多次元的階層因子モデル

XII 生徒・学生の自己概念の構造

問題になっているというよりも，測定法と統計分析における問題点を反映しているのかもしれないことに気づく。

　Coopersmith が考察した 50 項目の測定法には 4 つの下位尺度がある。すなわち，一般（26 項目），社会（8 項目），家庭と両親（8 項目），学業（8 項目）尺度である。Coopersmith は予備的研究をふまえたとはいえ，「前青年期の子どもは経験のさまざまな分野における自身の価値を区別することはほとんどなく，もしそうした区別がなされるとすれば，その子どもたちは，幼い頃すでに行なったことがある，総合的・一般的な評価や真価という文脈のなかで区別をしている」と主張した（p.6）。しかし，その後行なわれた，こうした方法を因子分析にかける研究（たとえば，Dyer,1964; Marsh & Smith, 1982）によっても，提唱されたような因子構造を確認したり，なんらかの意味を明らかにすることはできなかった。こうした一連の研究は 1 つとして単次元的パースペクティブを明らかに支持する根拠を見出すことはできなかったのである。

　Marsh & Smith の因子分析によれば「Coopersmith が設計した尺度によって観察された因子と相関する一貫したパターンはみあたらないようである」という結論に達している（p.435）。

　こうした結果によって，自己概念は 1 つの一般因子によって支配されているという広く引用されている Coopersmith の主張にはまったく根拠がないことが明らかにされたといえる。

　Marx & Winne（1978）は，よく利用されている 3 つの自己概念を測定する測定法の尺度を，Shavelson らによって仮説化された自己概念の面，すなわち業績的，社会的，そして身体的面に類別し，それらの方法から得られた回答を多特性—多メソッド分析（MTMM）を用いて比較した。3 つの面それぞれに対してなされた回答には測定法の境を越えていくつかの一致がみられるが（集中性），異なる尺度にたいしてなされた回答を適切に分化することはできないことを彼らは発見した（拡散性）。こうした結果を得て，Marx & Winne は自己概念は，はっきりとした下位部分あるいは面に区別される概念ではなく，単一的な概念のようであるという結論に達したのである。しかし，Shavelson &

Bolus（1982）は，Marx & Winne の研究には重要な方法論上の弱点があることを指摘し，Marx らのデータ（1978）を再分析することによって，こうした弱点のいくつかを克服してみせた。それぞれの測定法には実質的な方法としての効果はたしかにあるが，Shavelson & Bolus は同様に，集中性や放散性の妥協性を証明する合理的な根拠を発見したのである。こうした初期の MTMM アプローチとは違い，サイコメトリック的な色彩の強い方法を使う最近の研究（たとえば，Marsh, 1990a; Marsh, Byrne & Shavelson, 1988; Marsh & Gouvernet, 1989；Marsh & McDonald-Holmes, 1990；Marsh & Richards 1988b）では，さまざまな方法によって得られた自己概念に関する回答の集中性や判断性の妥当性を強く支持するようになっている。Marsh（1992）は，さまざまな種類をもつ MTMM アプローチのなかでも，1つの興味深い方法を用いて，特殊な教科における学業的な自己概念と8つの重点教科の成績との間の関係を検証してみた。この研究の第一の関心事ではないが，達成得点間の相関は大きく（mean r=.58），明らかに g 因子の影響を受けていたが，自己概念の8つの構成要素間の相関は，それほど大きくなかった（mean r = .34）。

　こうした考察と一致するかのように，学校での成績が，対応する自己概念尺度よりもかなり強力な一般的構成要素をもっていることは，多様な構造的な方程式モデルが存在することから論証されている。それゆえ，学業面における自己概念の構成要素は，学校の成績よりもかなりうまく分化されたのである。

　10年から15年ほど以前に，研究者たちは自己概念の特殊な面を測定するために，Shavelson らが提唱したような方法を開発しており，こうしたアプリオリな面の存在を支持するために因子分析を利用してきた。（たとえば，Boersma & Chapman, 1979；Dusek & Flaherty, 1981；Fleming & Courtney, 1984；Harter, 1982；Marsh, 1990c；Soares & Soares, 1982）。こうした研究のレビューは（Byrne, 1984；Marsh & Shavelson, 1985；Shavelson & Marsh, 1986），自己概念の多面体的な構造を支持し，自己概念の多次元性を無視しては，それを正しく理解できないことを示唆している。

　結論をいえば，自己概念の単次元的なパースペクティブを，あるいは学業面

における自己概念の単次元的なパースペクティブでさえも，それを支持する根拠はまったく認められないように思われる。こうした結論は，Rosenbergの自尊感情尺度（1965）のように，自己概念の一般的，あるいは全体的構成要素に主に着目してきた研究者にとって，深刻な問題をもたらすことになるだろう。

したがって，教育臨床において，単一の自己概念尺度を用い，その総得点のみで生徒・学生等の自己概念を包括的に測定・評価することはきわめて危険であるといわざるをえない。

### (2) 多次元的独立因子モデルと相関因子モデル

多次元的独立因子モデルと相関因子モデルはともに，自己概念の多次元的な構成概念を表しているが，複数の次元がどの程度相関しているかについては見解が異なっている。独立因子モデルについては，因子は「相対的に」非相関であるべきだと定義し，厳密なバージョンにおいては，すべての因子が絶対的に非相関であることがもとめられる。（図12-2のB）。

独立因子モデルは，単次元的一般モデルに対するアンチテーゼを表し，少なくともSpeamanがg能力と名づけるような意味での一般的自己概念は存在しないという仮説を立てている。Soaresら（1977,1982,1983）や，おそらくMarsh & Shavelson（1985）はそれほど厳密でないかたちのモデルを支持する考えがあるかもしれないが，その他の自己概念理論を研究する研究者のなかで，厳密なかたちの因子モデルに異議を唱える者はいないようである。

Soares & Soaresは，「知能の意味について分類学的モデルを支持するために例証される研究同様，最近の研究は，自己概念を説明するには独立因子を用いるのが適当であることを示している」（1977,p.4）と述べ，自己概念の一般モデルや階層モデル（1982,1983）を支持するような結果を得ることはできなかった，と結論づけた。こうした結論の根拠は，Soaresらの感情?知覚測定法を用いた研究から導きだされている。この測定法では9つの尺度，すなわち，一般的自己の尺度，2つの全体的な学業面の尺度，そして6つの特殊な主題による尺度，が利用されている。かれらの因子分析は，各尺度内での，項目を個別に

分析することからなり，項目の因子分析は別々の尺度を測定するようには設計されていない。こうした研究の結果は明らかに，どの尺度も単次元的ではないが，尺度の相対的な独立性を限定することから使用を制限されていることを示していた。9つの尺度間の相関は，アメリカでのデータでは.14?.66（median r=.37），イタリアのデータでは.04?.61（median r =.28），スペインでのデータでは.30?.76（median r=.57）であった（Soares & Soares, 1983）。Hattie（1992）が行なった，9つの尺度の相関を調べる2次的分析においては，数学／科学と人文という2つの学業面での自己概念が一般尺度と高く相関することが報告された。こうした知見は，Marshが行なった研究とも一致しているようにみえるが，Marshの研究（1990d）では，学業面における自己概念には異なる構成要素があることがはっきり明示され，2つの2次因子（言語／学業面と数学／学業面）の存在が明らかになったと述べている。Soaresらの研究結果は，明らかに学業面における自己概念の多次元性を主張している。しかし，こうした知見をもって，自己概念の分類学的，あるいは独立的因子モデルを支持する，あるいは階層モデルを支持すべきではない，と解釈すべきかどうかは，はっきりしない。

　たとえばHattie（1992）は自分の研究を見直しSoaresらによって公表された研究結果を再分析することによって，Soaresらの，学業面における自己概念の階層モデルを支持するデータを得たとする主張とは対照的な結論を導きだしている。

　要約すれば，自己概念の多次元的モデルを支持する根拠は明らかに存在するが，多次元的独立因子モデルの厳密なバージョンを支持する根拠はほとんどないか，もしくはまったくない。ところが1次因子間の相関は「相対的に」非相関であると報告する研究がいくつかあり，自己概念の因子間の相関は少なくともあまり大きくないとする研究がほとんどであった。しかしながら，因子間の相関が相対的に小さかった研究においてさえ，自己概念の面の階層的な順序づけを支持するような根拠が明らかにみられ，こうした結果は独立因子モデルの理論的原理に整合しないように思えるのである。

このモデルに依拠して生徒・学生の自己概念を測定・評価する場合，少なくとも次の手順を踏む必要がある。まず，測定・評価する際に学業的，社会的，身体的な諸構成要素に関して独立した尺度を用いること。しかもそれらの尺度が因子的妥当性があり，なおかつそれぞれの尺度が非相関であることが証明されていなければならない。実行可能性上の問題点としては教育臨床の現場において，それだけ多種多様の尺度を予診の段階において実施できるかどうかである。

(3) **分類学的モデル**

　Soares ら（1977）によって提唱された自己概念の分類学的モデルは，Guilford によって考察された知性の構造モデルからヒントを得ている。Guilford モデルのユニークな点は，知性の構成要素は2つあるいは，それ以上の面の交差と考え，それぞれの面には少なくとも2つのレベルが考えられる，という点である。

　ここでいう「多面性の」という言葉の意味と自己概念に関する研究論文のなかで用いられるこの言葉の典型的な使い方を区別し，明らかにすることは重要である。分散分析において使われているなじみ深い用語法を借用すれば，こうした区別は一方向計画（one-way design）と要因計画（factorial design）との違いである。

　自己概念のほとんどのモデルと類似している一方向計画においては，単一の面（自己概念の内容領域）が複数のレベル（身体的，社会学的，学業レベルといったさまざまな自己概念の領域）をもっている。分類学的モデル（図12-2のD）に関する解釈と類似している要因計画においては，少なくとも2つの面があり，それぞれの面には2つ以上のレベルがある。それゆえ，たとえば Guilford の120の知能の構成要素は，3つの面の倍数的組み合わせ（5操作×4素材×6所産）になるのである。Soares ら（1977）は，自己概念の分類学的モデルを提唱し，それに対する支持を主張したのにもかかわらず，先にも述べたように，実際には多次元的な独立因子モデルの検定を行なっていたように考えられる。かれらは Guilford の知能モデルから「分類学的モデル」という発想を得␣なが

ら，1度として分類学的モデルと独立因子モデルとの違いを十分詳細に記述したことはないのである。Byrne（1984）や Hattie（1992）も Soares らの「分類学的モデル」をレビューするなかで，同じような見解をもったようである。

　図12-2には2つのかたちの多面体的な自己概念モデルが示されている。図12-2のDが，Soares らの Guilford モデルをベースにして構築した自己概念モデルの表象にもっとも類似しているように思われる。図12-2のDにおいて描かれているように，領域面の4つのレベル（自己概念研究において典型的に考慮されている内容領域）と，2次的面としての2つのレベルを掛け合わせた，倍数的組み合わせのすべてが，8つの因子として示されている。2次的面の性質については特定されていないが，2つのレベルは Fitts（1964）が提唱したようなアイデンティティ対行動に関する項目への回答や，Marsh（1990c）によって指摘される肯定的にワーディングされた項目と否定的にワーディングされた項目に対する回答，あるいは Bracken（1992）によって強調される被験者が自分自身についてどう感じているかを表した「個人的な」視点と，被験者が他者によってどのように認知されていると思っているかを示す「他者の」視点を問題にした項目への回答などを表すことができるかもしれない。図12-2のEは，多特性―多メソッド法のデータによって構築された構造的方程式モデルから得られた多面体的データが，もう1つ別のかたちで表現されたものである。図12-2のEにおいて描かれているように，領域面の4つのレベルと2次的面を示す3つのレベルを表した7つの因子がある。それゆえ，1次的面の4つのレベルと2次的面の3レベルの組み合わせを示す12の因子が仮定されるのではなく，7つの因子が仮定されているのである。

　このモデルは，各面の同じレベルを測定する測定法はすべて，単一の「レベル」という因子を使用することで説明できる（たとえば，身体的自己概念というレベル），と主張している。多特性―多メソッド法においても応用されるように，1つの面は1つの領域を典型的に示しており，別の面は多数のメソッドを示している（たとえば，Marsh, Byrne, Shavelson の1988年の研究や，おそらく，その他の研究者による評価にみられるような，3つの異なる自己概念測定法など）。

このように表現されたモデルはともに，2つの面いずれかのうちでより多くのレベルを設定させるように，あるいは2つ以上の面を設定させるように，敷衍させることも可能であろう。

　モデルを根拠にした得点は必ずしもその方法のデザインと一致しないが，自己概念を測定する数多くの方法は分類学的モデルを暗黙のうちに，あるいは明らかに仮定している。たとえば，テネシー自己概念尺度（TSCS:Fitts, 1964）のデザインの基礎になっている構造的モデルは，3つの面をもつ分類学的モデルである。Fitts のデザインは，5(基準の外的体系)×3(基準の内的体系)×2(固定的・否定的にワーディングされた項目）から構成されていた。外的面の5つのレベルとは，身体的，道徳的，個人的，家族的レベルで，こうしたレベルはその後つくられた多くの方法によって提示された自己概念の特性と類似している。Fitts のスキームでは，こうした特性はそれぞれが3つの基準の内的体系との関連のなかで表明されるはずであると考えられた。Fitts の実験デザインの2つ目の面である基準の内的体系とは，アイデンティティは，ある私的な，内的な自己概念である。行動は，他者によって観察可能な自己である。満足は，現実と理想の食い違いである。肯定的・否定的にワーディングされた項目を基にした3つ目の面は，多用的な回答のバイアスを統制するためのもので，実質的に重要かもしれないし，重要でない可能性もある。したがって，この方法は 30 の尺度（ワーディングの面を無視すれば 15 の尺度）から構成されており，この方法で使われた 90 項目中の3つが各尺度を代表している。Marsh & Richards (1988b) は，この方法を再検討するなかで，明らかに方法デザインと一致しないような回答のしかたによって，得点がつけられることがしばしば起きる，と述べた。それゆえ，たとえば方法デザインが社会的自己を3つの面（アイデンティティ，満足，行動）に分けて表明することを認めるとすれば，社会的な自己概念を3つの面が混在している単一の得点で要約することは不適当になりはしないだろうか。Marsh & Richards は，テネシー自己概念尺度の基礎的構造を評価するなかで，この方法から得られた回答における内的面を支持する根拠はほとんどみあたらず，外的面については身体的，社会的，家族的特

性のみが一貫性のある根拠を見出すことができる，と結論を述べた。肯定的にワーディングされた項目と，否定的にワーディングされた項目間には，はっきりとした分離があるものの，こうした分離が実質的に重要なのか，それとも実質的には重要ではないメソッドによる効果なのかは，はっきりしない。Marsh & Richards (1988b) によれば，テネシー自己概念尺度は昨今の実験の標準から判定すれば，サイコメトリックの点において厳密な方法ではない，ということになるが，この方法の開発の基準となった構造的モデルは，自己概念に関する文献のなかで明らかに独創的なものである。このモデルを支持する知見の欠如は，明らかに方法としての限界を表しており，このモデルを使ったいくつかのバリエーションのほうが，うまく操作化できる可能性があるのかもしれない。Bracken (1992) もまた，自らの新しい多次元自己概念尺度（MSCS）を3つの面をもつ分類学的モデルを基礎に考案した。Bracken が述べる「文脈特定的な自己概念」とは，Shavelson らのモデルをベースにした6つのレベル（社会，能力，影響，学業，家族，身体）をもつ1つの領域面を表している。（例外として，能力と，おそらく影響のレベルは Rosenberg 尺度のような方法から推測されたように，尊重という感情と重なって，他のレベルよりも高次に位置する領域のように思える。）「評価的なパースペクティブ」の面には，個人のパースペクティブ（各個人の自分自身の行動に対する評価を通じて直接的に獲得される）と他者のパースペクティブ（他者によってなされる評価について推測することを通じて間接的に獲得される）という2つのレベルがある。「評価的パフォーマンスの標準」(evaluative performance standards) の面には4つのレベル——実際のレベル，ランクづけされたレベル，比較のレベル，理想のレベル——をもっている（加えて，MSCS 法には4番目のデザイン面になりうる，肯定的・否定的なワーディングを使った項目も含まれていた）。分類学的デザインと同じように，Bracken は2つのパースペクティブと4つの標準を掛け合わせた8つのすべての組み合わせについて言及している（たとえば，実験的な標準・個人のパースペクティブ，理想的標準・他者のパースペクティブなど）。MSCS 法のデザインで自己概念をとらえるために，パースペクティブと標準というレベルを想定したことは理論的

に重要であるにもかかわらず，こうした面は方法をスコアリングする際には用いられず，領域面を表す6つのスコアだけが利用されることになっている。そのため，MSCS 法のデザインは明らかに図 12-2 の D，あるいは図 12-2 の E のモデルを採用しているが，スコアリングの方法は図 12-2 の C のモデルを利用しているといえる。MSCS 法の項目に対する回答の因子分析について，マニュアルには記述されていないが，各領域尺度の項目に対する回答は，おそらくパースペクティブと標準がなんらかのかたちで組み合わさったものであろうし，全項目の分析は図 12-2 の D，あるいは図 12-2 の E のモデルに示されるような3つの面がすべて混在するさまざまな組み合わせを示すことになろう。もう1つには，この方法のデザインが基礎としている理論的根拠に疑問をさしはさむことになるかもしれないが，明らかに MSCS 法のスコアリングの方法が依拠している図 12-2 の C のモデルのほうが，MSCS 法の項目の表象として適切であるように思われる。最終的には，こうした点は実証にかかわる問題であり，MSCS 法による回答が根拠とする構造を体系的に検証することによって，評価されなくてはならないだろう。

　要約すれば，分類学的モデルは，いくつかの多次元的自己概念測定法が根拠とする理論的なモデルと明らかに整合しているが，こうした測定法から得られた得点とは整合しないおそれがある。もっと一般的にいえば，分類学的モデルが Bracken が意図する環境?行動の交互作用的モデルのように，自己概念の構造的（領域的）構成要素と，過程の構成要素を混合することを研究者にゆるしている。しかし，分類学的モデルの恵まれた，発見的潜在能力を開発することは，こうしたモデルを表すために，いかにしてもっとも適切な構造（たとえば，図 12-2 の E や図 12-2 の F）や，構造と対応した得点を決定するのかについて，また多様な面の組み合わせを示している得点をいかにして外的な判断基準と個別に連関させるかといった問題について，さらに研究をすすめる必要がある。

(4) **多次元的モデル**

　階層モデル（図 12-2 の F）は，いくつかの点で，その他のモデルを特別な

ケースとして取り込んでいる。このモデルは，単一的・全体的因子モデルの考え方から，階層性が頂点に達したところに1つの全体的な構成要素が存在するという仮説を取り入れている。そのため，全体的因子モデルに対する支持は，階層性が非常に強いという意味で階層モデルを支持すると解釈することもできるかもしれない。まったく正反対のケースとしては，多次元的・独立因子モデルは階層性がひじょうに弱いという意味で階層モデルを支持すると解釈することも可能である。自己概念因子間の相関関係が因子の信頼性の問題にふれる，あるいは相関関係が一貫してゼロに近づくような極端な場合にのみ，階層モデルへの支持を疑うべきであろう。多次元的相関因子モデルへの支持は，自動的に階層モデルへの支持を意味するのである。

　分類学的モデルと階層モデルとの関係はそれほど明確ではないが，両者は相いれないということもなさそうである。実際に Guilford（1985）は，明らかにSoares ら（1977）の自己概念の分類学的モデルを基礎にした，知性の分類学的モデルの階層的な表象を仮定した。同様に，補正的モデルは，自己概念の階層性がなぜ初めに予期していたよりも明らかに弱いのかについて説明するかもしれないが，階層モデルと矛盾するようには思えない。事実，Marx & Winne（1980）は，このモデルのそもそもの構成を考える際に，一般的な，他よりも高次に位置づけられた因子と，2番目に位置づけられた領域特殊的な因子を仮説化している。

　要約すれば，多次元的．階層モデルは，図12-2で仮定されたどの構造的モデルとも明らかに一致している，あるいは少なくとも矛盾してはいない。しかし，こうした柔軟性は強みでもあり，弱みでもある。強みとしては，このモデルは自己概念の構造を探究するための広範な枠組を提供することである。弱点は，階層モデルは少なくとも抽象的なレベルでは反証をあげにくい。それゆえに，自己概念の先験的な階層モデルは厳密な検定を可能とするために十分細かい点まで特殊化されることがきわめて重要であるといえる。

## 引用文献

東 清和・今津芳恵 1998 自己概念の構造に関するモデル論 早稲田大学大学院教育学研究科紀要,第9号.1-13.初出

Marsh,H.W., Hattie,J. 1996 Theoretical perspectives on the structure of self-concept. In Bracken,B.A.(ed.) *Handbook of self-concept*. John wiley & sons,Inc.

## 参考文献

Boersma,F.J.,& Chapman,J.W. 1979 *Student's Perception of Ability Scale manual*. Edmonton, Canada: University of Alberta.

Bracken,B.M.1992 *Multidimensional Self Concept Scale*. Austin,TX:Pro-Ed.

Byrne, B.M. 1984 The general/academic self-concept nomonogical network: A review of Construct validation research. *Review of Educational Research*, 54, 427-456.

Coopersmith,S.A. 1967 *The antecedents of self-esteem*.San Fransisco:Freeman.

Dusek,J.B., & Flaherty,J.F. 1981 The development of self-concept during adolecent years. *Monographs of of the Society for Research in Child Development*, 46 (4.Serial No.191)

Dyer,C.O. 1964 Construct validity of self-concept by a multitraitmultimethod analysis (Doctoral dissertation, University of Michigan, 1963). *Disseration Abstracts International*, 25,8154.(University Microfilms No.64-8154)

Fitts,W.H. 1964 *Tennessee Self Concept Scale*: Test Booklet. Nashville,TN: Counselor Recordings and Tests.

Fleming,J.S., & Courtney,B.E. 1984 The dimensionality of self-esteem Ⅱ: Hierachical facet model for revised measurement scales. *Journal of Personality and Social Psychology*, 46, 404-421.

Harter,S. 1982 The Perceived Competence Scale for Children. *Child Development*, 53,87-97.

Hattie,J. 1992 *Self-concept*. Hillsdale, NJ : Erlbaum.

James,W. 1963 *The principles of psychology*. NewYork: Holt,Rinehart & Winston. (Orginal work published 1890)

Marsh,H.W. 1990a Confirmatory factor analysis of mutitrait-multimethod data : The construct validation of multidimensional self-concept responses.: *Journal of Personality* 58,661-692.

Marsh,H.W. 1990b The influence of internal and external frames of reference on the foramation of math and English self-concept . *Journal of Educational Psychology*, 82, 107-116.

Marsh,H.W. 1990c A multidimensional, hierachical self-concept: Theoretical and empirical justification. *Educational Psychology Review*,2,77-172.

Marsh,H.W. 1990d The structure of academic self-concept: The Marsh/Shavelson model. *Journal of Educational Psychology*, 82,623-636.

Marsh,H.W. 1992 The content specificity of relations between academic achievment and academic self-concept. *Journal of Educational Psychology*, 84,35-42.

Marsh,H.W., Byrne,B.M., & Shavelson,R. 1988 A multifaced academic self-concept.Its Hierachical structure and its relation to academic achievment. *Journal of Educational Psychology*, 80, 366-380.

Marsh,H.W.,& Gouvernet,P. 1989 A multidimensional, self-concepts and perceptions of control. Construct validation of responses by children. *Journal of Educational Psychology*, 81, 57-69.

Marsh, H.W.,& McDonald-Holmes, I.W. 1990 Multidimensional self-concepts: Construct validation of responses by children. *American Educational Research Journal* ,27,80-117.

Marsh,H.W.,& Richards,G.E. 1988b The Tennessee Self concept Scales : Relaiability, internal structure, and construct validity. *Journal of Personality and Social Psychology*, 55,612-624.

Marsh,H.W.,& Shavelson,R.J. 1985 Self-concept: Its multifaceted, hierachical structure. *Educational Psychologist*, 20,107-125.

Marsh,H.W.,& Smith,I.D. 1982 Multitrait-multimethod analysis of two self-concept instruments. *Journal of Educational Psychology*, 74,430-440.

Marx,R.W.,& Winne,P.H. 1978 Construct interpretations of three self-concept inventories. *American Educational Research Journal*, 15,99-108.

Shavelson,R.J., & Bolus.R. 1982 Self-concept: The interplay of theory and methods. *Journal of Educational Psychology*,74,3-17.

Shavelson,R.J.,Hubner,J.J.,& Stanton,G.C. 1976 Validation of construct interpretations. *Review of Educational Research*, 43,407-441.

Shavelson,R.J., & Marsh,H.W. 1986 On the structure self-concept. In R.Schwarzer (ed.), *Anxiety and cognitions*. Hillsdale, NJ: Erlbaum.

Soares,L.M., & Soares,A.T. 1977 The self-concept: Mini,maxi,multi. *Paper presented at the annual meetings of the American Educational Research Association*, New York.

Soares, L.M., & Soares,A.T. 1982 Convergence and discrimination in academic self-concepts. *Paper presented at the 20th Congress of the International Association of Applied Psychology*, Edinburgh Scotland.

Soares,L.M., & Soares,A.T. 1983 Components of students' selef-related cognitions. *Paper presented at the annual meetings of the American Educational Research Association*, Montreal, Quebec, Canada.

# 索　引

Bruch　91
CDI　122
DSM-Ⅳ　48,99,104,120
KSADS　122
Minuchin　91
Palazzoli　91
SDS（職業適性自己診断テスト）　144
VPI（職業興味検査）　144

## あ

アドルフ・マイヤー　30
アパシー（無気力）化　11
アルコール乱用　128
生きる力　21
意思決定理論　142
いじめ　56
　　――の四層構造　62
　　――られる子　60
　　――る子　59
インターネット　53
ウィリアムソン　31
うざったい　15
運動能力　79
男らしさ（男性性）　167
親からの情緒的自立　60
親離れ　89
女らしさ（女性性）　167

## か

開発モデル　37
回避（escape）的対処　159
カウンセリング・マインド　27
隠されたメッセージ　170
隠れたメッセージ　173
過食症　86

仮面うつ病　123
関与しながらの観察　28
学業的自己概念　179
学習障害（LD）　78
学生相談　31
学校カウンセリング　25
学校恐怖症　41
学校心理士　25
学校メンタルヘルス　9
気分変調性障害　120
教育カウンセラー　26
教育相談　33
教育臨床　39
教師カウンセラー　34
教師の多忙　155
強迫行為　105
拒食症　85
切れる　16
擬装化　59
技能連携校　53
ギンズバーグ　140
クレペリン　97
ケースワーク　30
幻覚　98
原始的防衛機制　91
幻聴　98,104,106,112
行為障害　128
肯定的な関心　75
行動基準　63
校内暴力　61
心の教室　22
個人的達成の減退　153
コミュニケーション　76
コンサルテーション　36

## さ

作為体験　98
サポート校　53
サリバン　28
思春期　72
　──青年期　89
　──青年期の発達危機　88
　──の子どもたち　63
　──やせ症　83
疾病性　13
社会化　168
社会性　79
就学相談　33
集団化　59
修理モデル　37
衝動性　78
職業指導運動　139
職業選択　139
職業的発達理論　140
食行動の異常　83
神経症的登校拒否　46
神経性過食症　83
神経性無食欲症　83
心身症　87,151
心理療法　93
進路指導　139
ジェラット　143
ジェンダー　166
　──スキーマ　168
　──ステレオタイプ　166,168
　──バイアス　165,170-2
　──フリー　165,173
自我水準　37
自我同一性　90
自己アイデンティティ　64
自己概念　179-82
　──の構造的モデル　183
　──理論　141
自己認知　180

自己評価　182
自尊感情　65
自閉症　78,97
準拠集団　10
純粋性　29
助育活動　32
情緒的消耗感　153
女性性の受容　89
事例性　13
スーパー　140,141
スクール・カウンセラー　25
ストレス　151
　──対処　159
ストレッサー　131
生活指導　27
精神衛生協会　30
精神分析学的理論　141
精神分裂症　97,104-6,108,109,112,
　113,114
精神保健　12
　──及び精神障害者福祉に関する法律
　101
成熟拒否　89
制度疲労　19
摂食障害　83,129
ソーシャルサポート　161
相関因子モデル　188
総合的学習　21

## た

怠学　41
対人関係　65
多次元的独立因子モデル　188
多次元的モデル　194
多動性　78
単位制高校　52
単元次的一般因子モデル　184
大うつ病性障害　120
大検　52
脱人格化　153

注意欠陥障害　128
注意欠陥多動性障害（ADHD）　78
通信制高校　53
適応指導教室　52
テネシー自己概念尺度（TSCS）　192
登校拒否　41,129
統制（control）型対処　159
特性・因子理論　139
同一性拡散　90
同質化　20

　　　　　　　な

二重拘束的　20
二重拘束のメッセージ　115

　　　　　　　は

発達課題　89
発達障害　78
発達相談　33
反響言語　80
バーンアウト（燃え尽き症候群）　153
パーソナリティータイプ　145
パストラル・カウンセリング（牧界カウンセリング）　29
非学業的自己概念　179
ひきこもり　11
評価　74
ヒルトン　143
ビアーズ　30
微細脳機能障害（MBD）　78
不安障害　128
不適応相談　33
不登校　41

フリースクール　52
ブロイラー　97
分離個体化　89
分離不安　46
分類学的モデル　190
保健管理センター　32
ホランドの職業選択理論　143
ホランドの類型学的理論　142
ボケーショナル・カウンセリング　30

　　　　　　　ま

見立て　28
むかつく　16
　──子　64
無関心　98
メンタルヘルス　150
妄想　98,112

　　　　　　　や

薬物乱用　128
良い子　90
抑うつ　119
欲求不満－攻撃仮説　59

　　　　　　　ら

ライフイベント　131
力動精神医学　30
両価性　97
臨床心理士　25
連想のゆるみ　98
ロー　142
　──の早期決定理論　142
ロジャーズ　29

〈執筆者紹介〉

※高塚雄介（早稲田大学総合健康教育センター・心理専門相談員）〔Ⅰ，Ⅱ章〕
樫木啓二（早稲田大学総合健康教育センター・心理専門相談員）〔Ⅲ章〕
飯塚裕子（早稲田大学総合健康教育センター・心理専門相談員）〔Ⅳ章〕
関川紘司（江戸川区教育研究所・相談員）〔Ⅴ章〕
市川珠理（早稲田大学総合健康教育センター・心理専門相談員）〔Ⅵ章〕
伊藤幸江（杏林大学・相談員）〔Ⅶ章〕
今津芳恵（(財)パブリック・ヘルス・リサーチセンター研究員）〔Ⅷ章〕
安達智子（早稲田大学大学院博士課程）〔Ⅸ章〕
荻野佳代子（早稲田大学大学院博士課程）〔Ⅹ章〕
内山理恵（早稲田大学大学院博士課程）〔Ⅺ章〕
※東　清和（早稲田大学教育学部教授　　　　　　　〔Ⅻ章〕
　　　　　兼早稲田大学総合健康教育センター所長）

（執筆順，※編者）

学校社会とカウンセリング
──教育臨床論　　　　　　〔早稲田大学教育総合研究所叢書〕

2000年6月15日　第1版第1刷発行

編著者　東　清和・高塚雄介

編修者　早稲田大学教育総合研究所
　　　　〒169-8050　東京都新宿区西早稲田1-6-1　電話 03(5286)3838

発行者　田中　千津子　〒153-0064　東京都目黒区下目黒3-6-1
　　　　　　　　　　　　　　　　　電話 03(3715)1501（代）
発行所　株式会社 学文社　　　　　　FAX 03(3715)2012
　　　　　　　　　　　　　　　　　振替 00130-9-98842

© 2000, Printed in Japan　　　　　　　印刷所　シナノ印刷
乱丁・落丁の場合は本社でお取替えします
定価はカード，売上カードに表示

ISBN 4-7620-0975-X

| 早稲田大学 鈴木慎一編
## 教師教育の課題と展望
——再び，大学における教師教育について——
四六判 233頁 本体2000円

〔早稲田教育叢書〕開放制教員養成の実質が空洞化している事実をどうみるか。"官製の教員養成改革"に対して，学校で教壇に立つ教師の側から，教師の養成と研修に何を求めるべきかを問う。
0775-7 C3337

早稲田大学 山下 元編
## ファジィ理論と応用
——教育情報アナリシス——
四六判 132頁 本体1700円

〔早稲田教育叢書〕ファジィ集合，ファジィ関係，ファジィ推論，ファジィ決定などファジィ理論の基礎を平易解説。応用として，教材構造分析，ソシオメトリー分析，意識調査，音曲系列分析にふれる。
0710-2 C3337

早稲田大学 守屋悦朗編
## 数学教育とコンピュータ
四六判 254頁 本体2300円

〔早稲田教育叢書〕中等教育におけるコンピュータ教育・コンピュータ利用の現実と未来(コンピュータ教育のあるべき姿と可能性)を具体的に説述。特に数学ソフト・マセマティカについて実践解説。
0736-6 C3337

早稲田大学 中野美知子編
## 英語教育とコンピュータ
四六判 171頁 本体1700円

〔早稲田教育叢書〕基礎知識，英語教育に役立つインターネットサイト紹介，メディア教育実践の可能性等，学内メディアネットワークセンターの協力を得た慣例の夏季講習の対話から。中高大の授業に。
0810-9 C3337

早稲田大学 薬谷友紀編
## コンピュータと教育
——学校における情報機器活用術——
四六判 154頁 本体1500円

〔早稲田教育叢書〕教科教育の情報化を念頭に，その土台作りとして現場の先生のためのコンピュータ活用術を取り上げた。教材作成，成績管理，インターネットによる資料収集他，現場の教員を交えて解説。
0894-X C3337

早稲田大学 大平浩哉編
## 国語教育史に学ぶ
四六判 180頁 本体1700円

〔早稲田教育叢書〕「国語」の成立過程の解明を試み，教材のあり方を考察，さらに古典教育の存在意義の問題についても論究。国語教育史上の問題点を究明し，21世紀の新しい国語教育の方向を展望する。
0726-9 C3337

早稲田大学 堀切 実編
## 「おくのほそ道」と古典教育
四六判 221頁 本体1800円

〔早稲田教育叢書〕「おくのほそ道」研究史が研究者・文筆家の語りの歴史なら，本書は生徒のよりインファンシーに近い眼差しがなしうる芭蕉のイメージ読解となる。米国人の「細道」受容史を設け，多彩。
0813-3 C3337

早稲田大学 津本信博編
## 新時代の古典教育
四六判 222頁 本体1800円

〔早稲田教育叢書〕ウタ，カタリ，漢文の呼び水となる授業を，公私立隔てなく研究を重ねてきた中高の教員たちが創意工夫。比較，リズムを重視した漢文音読，グループ学習，中高またがり教材ほか。
0862-1 C3337